32998

ABÉCÉDAIRE

NOUVEAU,

FONDÉ SUR LE MÉCANISME DU LANGAGE

INDIQUÉ PAR LA NATURE ;

SUIVI D'UN

TRAITÉ D'ORTHOGRAPHE,

ET

DE TOUS LES HOMONYMES FRANÇAIS ;

TERMINÉ

PAR DES EXEMPLES

SERVANT D'APPLICATION AUX RÈGLES D'ORTHOGRAPHE

ET AUX HOMONYMES ;

PAR VERNHES, AÎNÉ, DE BEZIERS ;

A BEZIERS,

DE L'IMPRIMERIE DE JEAN-JOSEPH FUZIER.

1824.

INTRODUCTION.

LA science de la lecture est le premier besoin de l'homme en société ; mais l'on ne connaît la vérité de ce principe que lorsque, sorti de l'enfance, on ignore ou l'on connaît peu cette science si nécessaire.

L'écriture n'est que la peinture du langage ; la science de la lecture n'est que la connaissance de cette peinture.

Nous apprenons à parler par imitation et nous avons appris à lire par le même moyen. L'art du langage ne peut sans doute s'acquérir d'aucune autre manière, les facultés intellectuelles d'un enfant n'étant pas encore susceptibles de saisir la moindre démonstration.

Mais lorsque nous commençons à apprendre à lire, nous savons parler, c'est-à-dire, nous savons former les sons et les combiner, dès-lors notre jugement est assez formé pour juger de quelle manière nous imitons. Ce que j'avance est fondé sur l'expérience.

Dans le langage il y a deux choses parfaitement distinctes : le son que nous nommons voyelles, et l'articulation que nous nommons consonnes. Le son est un certain bruit formé par notre poitrine et modifié, jusqu'au nombre de neuf, par certains mouvements qu'il n'est pas nécessaire de démontrer.

On appelle articulation les divers mouvements du gosier, de la langue et des lèvres dont certains peuvent être démontrés à l'œil ; tels que ceux désignés par les consonnes *b*, *m*, *p*, *f*, *v*, et même *l*.

C'est la combinaison de ces deux moyens, c'est

à-dire, des voyelles et des consonnes, qui forme le langage et par suite l'art de la lecture ; combinaison qu'on n'a cherché jusqu'à aujourd'hui qu'à faire imiter au lieu de la démontrer, ce qui est très-facile ; en effet il n'y a pas d'enfant, qui sache parler, auquel on ne puisse faire apercevoir qu'il détache les deux lèvres pour articuler les consonnes *b*, *m*, *p* ; qu'il ne détache que la lèvre inférieure pour articuler *f*, *v* ; qu'il détache la langue du palais pour articuler *l*, *lorsque le son ou voyelle suit l'articulation ou consonne* ; tandis qu'il rapproche les deux lèvres pour articuler *b*, *m*, *p* ; la lèvre inférieure pour *f*, *v* ; et qu'il laisse la langue attachée au palais pour la consonne *l*, *toutes les fois que la voyelle précède la consonne.*

Ces divers mouvements des lèvres ou de la langue sont visibles, et l'élève peut facilement les apercevoir. Ces observations, qui sont le fondement de la lecture, le sont aussi de l'orthographe ; car, sauf les combinaisons de convention, un élève pourrait écrire correctement dès qu'il a appris à juger les opérations du langage, *ce qui est l'affaire de quelques leçons* ; tandis qu'on voit des personnes de tout âge, *lisant parfaitement*, qui ne savent pas écrire correctement le mot qu'elles viennent de prononcer. Le traité d'orthographe vient à l'appui des principes déjà donnés à l'élève, et servira à les perfectionner. Au reste, j'indiquerai encore un moyen qui fait faire à l'élève des progrès très-rapides dans l'orthographe, dès qu'il commence à écrire ; c'est de l'obliger à rapporter soir et matin quelques lignes écrites d'une fable, d'un conte qu'il saura déjà par cœur, de quelque narré dont on lui aura fait l'analyse, en lui défendant bien expressément de copier d'un livre. En le corrigeant soir et matin on lui fera remarquer les fautes contre le traité d'orthographe et même contre la grammaire. Ce moyen produit les plus grands effets et excite même l'émulation de l'élève.

Quelques exemples appuyent le traité d'orthographe duquel, tous les homonymes français sont une suite nécessaire et qui sont également appuyés par des exemples.

INSTRUCTION.

La manière dont les élèves nommeront les caractères est assez indifférente, il suffit qu'ils connaissent parfaitement.

Lorsque l'élève aura acquis cette connaissance, on lui montrera les neuf sons simples que forment les cinq voyelles, et les neuf sons homonymes, jusqu'à ce qu'il en soit bien sûr.

Après cela on lui fera observer que les voyelles seules forment les sons, et que les consonnes n'indiquent que l'articulation, ou pour mieux dire le mouvement de la bouche qui sert à modifier le son de la voyelle; qu'ainsi la consonne *b* n'a ni nom ni son; qu'elle indique seulement qu'il faut détacher les lèvres en laissant échapper un son, c'est-à-dire, une voyelle.

On lui fera faire de suite l'application de cette observation sur la consonne *b* en la lui faisant articuler sur tous les sons et lui disant qu'elle ne s'appelle pas plus *be* que *ba bi bo bu*, etc., puisqu'elle dépend du son ou voyelle qui l'accompagne, l'articulation étant toujours la même et n'y ayant de changement que pour la voyelle.

On lui mettra alors sous les yeux le tableau comparatif des consonnes et on lui fera les observations suivantes :

b, *m*, *p*, ont une articulation presque semblable ; ces consonnes exigent qu'on détache les lèvres avec une légère différence que l'on sentira en les articulant.

c, suivi de *e* ou *i*, ou marqué d'une cédille, est semblable à *s*; l'articulation de ces deux consonnes ressemble à un sifflement sourd que l'on forme en plaçant le bout de la langue entre les dents.

c, suivi de *a*, *o*, *u*, s'articule du gosier comme *qu* (ces deux dernières lettres sont inséparables excepté à la fin des mots, comme coq).

g, suivi de *e* ou *i*, ressemble à *j* : ces deux consonnes s'articulent en relevant la langue pour former un vide dessous.

g, suivi de *a*, *o*, *u*, s'articule du gosier, mais moins fortement que *qu*.

r s'articule en faisant rouler ou battre le bout de la langue contre le palais.

d, *n*, *t*, s'articulent en frappant du bout de la langue contre les dents supérieures, et n'ont qu'une légère différence que l'élève sentira en les articulant. Le *d* est le plus doux, le *n* est nasal et le *t* fait frapper plus fortement avec le bout de la langue.

f et *ph* ont la même articulation et *v* en approche; on les articule en rapprochant et détachant la lèvre inférieure des dents supérieures.

x, exige deux articulations, l'une du gosier comme *qu* ; et l'autre du bout de la langue comme *s*.

z s'articule en plaçant le bout de la langue entre les dents.

h ne s'articule dans aucun cas, ainsi cette consonne ne doit jamais embarrasser l'élève. On trouvera l'*h* aspirée à sa place.

ch, cette articulation est particulière et indépendante des lettres qui la composent. Elle ressemble à *j*, puisqu'elle se forme par le vide que l'on fait en élevant la langue vers le palais.

gn a quelque ressemblance avec *ill* et n'en diffère que par son articulation nasale.

l s'articule en élevant la langue vers le palais et en l'en détachant.

ill se mouille plus fortement que *gn* et n'a point d'articulation nasale.

Après ces observations on passera de suite au syllabé dans lequel chaque consonne modifie successivement tous les sons simples et les sons homonymes. On aura le soin de faire lire à l'élève les trois manières de former *e* muet, comme *be, beu, bœu* qui sont placés verticalement, et de même pour toutes les autres combinaisons.

Il est expressément recommandé de ne pas faire épeler l'élève, mais de le faire lire. Lorsqu'il se trompera, il suffira de lui faire remarquer l'articulation ou le son sur lequel il aura fait erreur ; comme par exemple, s'il a dit *ça* au lieu de *ca*, il faudra lui dire qu'il doit donner un coup de gosier avant la voyelle au lieu de former un sifflement comme il l'a fait, et ainsi des autres syllabes.

Comme l'élève ne doit lire qu'une syllabe après l'autre, sans s'occuper du rapport des syllabes entre elles, j'engage les maîtres à leur faire prononcer *s* comme *ç*, quoique entre deux voyelles, jusqu'à ce qu'il soit arrivé à la leçon qui indique l'articulation de *s* entre deux voyelles, comme *z*. J'ai remarqué qu'en anticipant sur cette leçon on embarasse l'élève déjà assez occupé de la syllabe qu'il doit prononcer; tandis que deux ou trois leçons suffisent pour lui faire faire cette différence, lorsque son œil commence à apercevoir plusieurs syllabes à la fois.

e muet ne se faisant entendre ni dans l'intérieur ni à la fin d'un mot, lorsqu'il est précédé d'une autre voyelle dans la même syllabe, je ne l'ai pas séparé.

J'invite les maîtres à afficher dans un lieu apparent de leur école, et en gros caractères, les voyelles, dans le même ordre qu'elles sont dans le livre; afin que l'élève les ait continuellement sous les yeux, et qu'il puisse y recourir à tout instant pour les rappeler à sa mémoire.

ALPHABET.

a b c d e f g h i j
k l m n o p q r s t
u v x y z

MAJUSCULES.

A B C D E F G H I
J K L M N O P Q R
S T U V X Y Z

VOYELLES OU SONS.

a e é è i o u ou oi
eu ei ei y au
œu ai ai eau

CONSONNES.

TABLEAU COMPARATIF D'ARTICULATION.

b	m	p
c $\begin{cases} e \\ i \end{cases}$	ç	s
c $\begin{cases} a \\ o \\ u \end{cases}$	qu	
g $\begin{cases} e \\ i \end{cases}$	j	
g $\begin{cases} a \\ o \\ u \end{cases}$		
	r	
d	n	t
f	ph	v
	x	
	z	

h
ch
gn
l   ill

ACCENTS.

Il y a trois sortes d'Accents :

L'Accent aigu ′ qui se place sur le é fermé.

L'Accent grave ` qui se place sur le è ouvert.

L'Accent circonflexe ^ qui donne à l'e le son d'è ouvert , ou qui indique les syllabes longues.

SYLLABÉ

ba be bé bè bi bo bu bou boi
beu bei bei by bau
bœu bai bai   beau

ma me mé mè mi mo mu mou moi
meu mei mei my mau
mœu mai mai meau

---

pa pe pé pè pi po pu pou poi
peu pei pei py pau
pœu pai pai peau

ça ce cé cè ci ço çu çou çoi
ceu cei cei cy çau
çai çai ceau

---

sa se sé sè si so su sou soi
seu sei sei sy sau
sœu sai sai seau

---

ca cue co cu cou coi
cœu cau

---

qua que qué què qui quo quu quou quoi
queu quei quei
quai quai

---

gea ge gé gè gi geo geu geou geoi
gei gei gy geau
geai geai

ja je jé jè ji jo ju jou joi
jeu jei jei jy jau
jai jai jeau

---

ga gue gué guè gui go gu gou goi
gueu gai gai gau

---

da de dé dè di do du dou doi
deu dei dei dy dau
dai dai deau

---

na ne né nè ni no nu nou noi
neu nei nei ny nau
nœu nai nai neau

---

ta te té tè ti to tu tou toi
teu tei tei ty tau
tai tai teau

---

ra re ré rè ri ro ru rou roi
reu rei rei ry rau
rai rai reau

fa fe fé fè fi fo fu fou foi
pha feu fei fei fy fau phu phou phoi
 pheu fai phai phy feau
  phé phè phi pho

---

va ve vé vè vi vo vu vou voi
 veu vei vei vy vau
  vœu vai vai veau

---

xa xe xé xè xi xo xu xou xoi
 xeu xei xei xy xau
  xai xai xeau

---

za ze zé zè zi zo zu zou zoi
 zeu zei zei zy zau
  zai zai zeau

---

ha he hé hè hi ho hu hou hoi
 heu hei hei hy hau
  hai hai heau

---

cho che ché chè chi cho chu chou choi
 cheu chei chei chy chau
  chai chai - cheau

gna gne gné gnè gni gno gnu gnou gnoi
gneu gnei gnei gny gnau
gnai gnai gneau

la le lé lè li lo lu lou loi
leu lei lei ly lau
lai lai leau

illa ille illé illè illi illo illu illou illoi

Lorsque l'Élève ne saura pas prononcer une syllabe, il faudra la lui montrer sur le Syllabé qu'il doit savoir déjà.

ba bi lo ne ba bi ne ba bi o le ba bou che ba bou
ba bou i ne ba ca li au ba cha ba chi que ba gne
ba ci lé ba dau de ba de lai re ba di a ne ba gue
ba di ne ba di né ba di na ge ba di ne rie ba foue
ba fou é ba ga ge ba gue nau de ba gué ba hu te
ba lai ba lei ne ba lei neau ba ille ba illi a ge
ba illé ba illi ve ba ï o que ba joue ba li va ge
ba li ba li veau ba lo ta de ba na le ba na li té
ba que ba ra que ba ra qué ba ri o la ge ba se
ba ri o lé ba sa ne ba sa né ba si lai re ba si le
ba si li que ba so che ba ta ille ba ta illé ba ta te
ba teau ba te la ge bâ té ba te lée ba va roi se

ba li bi   ba ve   ba vé   ba veu se   ba vo che   ba vu re
ba vo chu re.

be li è re   be sa ce   be sai gue   be si   be so gne
be to   be dai ne   be deau.

bé a te   bé a ti fi é   bé a ti fi que   bé a ti tu de
bê che   bé che ve té   bé chi que   be cu ne   bai
bei ge   bai gne   bai gné   bai gnoi re   bè gue   bé ge
bé gueu le   bé né fi ci a le   bé né fi ci ai re   bé né vo le
bé ni te   bé noi te   bé qui lle   bê te   bê ti se   bé toi ne.

bi ai sé   bi che   bi cho   bi co que   bi ga me
bi gne   bi ga ra de   bi ga reau   bi go te   bi go te rie
bi jou   bi jou te rie   bi le   bi li ai re   bi lle   bi né
bi lle bau de   bi nai re   bi no me   bi pé da le   bi que
bi pè de   bi rê me   bi ri bi   bi se   bi sa ï eu le
bi sa ge   bi tu me   bi tu mi neu se   bi voie.

beau   bo bè che   bau bi   bo bi ne   bo bo   bau di
bo ca ge   bo ca gè re   bo ca ne   bau ge   beau pè re
beau té   bo hê me   bau me   bo lai re   bo na ce   bo ni
bo ni fi é   bo ré a le   bo ta ni que.

bu ba le   bu be   bu bo no cè le   bu che   bu re
bu co li que   bu re lé   bu rè le   bu ri ne   bu reau
bu se   bu te   bu té   bu tu re.

boi re   boi se rie   boi te   boi teu se.

bou ca ge   bou ca né   bou ca ro   bou che   bou ché
bou chè re   bou che rie   bou de   bou dé   bou de rie
bou deu se   bou i ne   bou eu se   bou ge   bou gée
bou gi é   bou ille   bou illi   bou illoi re   bou le
bou lée   bou leau   bou le té   bou li mie   bou li ne
bou li né

bou li né   bou que   bou que ti è re   bou si lla ge
bou ta de   boue   bou te   bou te feu   bou tei lle
bou te reau   bou teu se   bou ti que   bou tu re
bou ve rie   bou vi è re.

---

ca ba le   ca ba lé   ca ba ne   ca bi lle   ca bo che
ca bo   ca bo ta ge   ca bo té   ca ca o   ca che   ca ché
ca cho te rie   ca chou   ca ci que   ca co chy me   ca cou
ca co chy mie   ca co pho nie   ca dé   ca deau   ca di
ca do le   ca du que   ca du cée   ca du ci té   ca fé
ca fe ti è re   ca ge   ca go te   ca go te rie   ca ho ta ge
ca ho te   ca ho té   ca hu te   ca ille   ca illé   ca illou
ca illou ta ge   ca ille teau   ca jo le   ca jo lé   ca jo le rie
ca jo leuse   ca ju te   ca la de   ca la mi ne   ca la mi té
ca la mi teu se   ca la pa   ca le   ca lé   ca lè che
ca li ce   ca li fe   ca ma ni o que   ca mée   ca me lée
ca me li ne   ca mi sa de   ca na co pa le   ca na da
ca na de   ca na ille   ca na pé   ca ne   ca ni che
ca ni ne   ca ni cu le   ca ni cu lai re   ca no ni a le
ca no ni ci té   ca no ni que   ca no ni sé   ca nu le
ca pa ci té   ca pe la ge   ca peli ne   ca pi lo ta de
ca pe   ca pi ta ne   ca pi tai ne   ca pi tai ne rie
ca pi ta le   ca pi tu le   ca pi to le   ca pi tu lai re
ca po te   ca pu ce   ca pu ci ne   ca qua ge   ca que
ca que té   ca que toi re   ca ra bé   ca ra bi na de
ca ra bi ne   ca ra che   ca ra co le   ca ra co lé   ca ra fe
ca ra gne   ca ra que   ca ra va ne   ca rê me   ca rè ne
ca ré na ge   ca ria ti de   ca ri bou   ca ri ca tu re

ca rie   ca ri é   ca ro li ne   ca ro ti de   ca rou be
ca rou ge   ca ta dou pe   ca tai re   ca ta lo gne
ca ta pu ce   ca té go rie   ca té go ri que   ca va le
ca va gno le   ca ti   ca va li è re   ca ve   ca veau
ca vi té.

ce ci   cé ci té   cè de   cé dé   cé di lle   cé du le
ce la   cè lé   cé lé   cé lé ri   cé lé ri té   cé li a que
cé li ba tai re   cè ne   cé no bi te   cé no bi ti que
cé no ta phe   ce phée   cé pha la lo gie   cé pha li que
cé ré mo nie   cé ré mo ni eu se   cé ru mi neu se
cé ru se   cé su re   cé ta cée.

ci boi re   ci bou le   ci cé ro   ci cé ro le   ci guë
ci cu tai re   ci ga le   ci li ce   ci me   ci me ti è re
ci mo lie   ci né rai re   ci ra ge   ci re   ci ro ë ne
ci ru re   ci te   ci té   ci va di è re   ci ve   ci vi è re
ci vi le   ci vi li té   ci vi que   cy zi cè ne   cy gne
cy mai se.

co a gu le   co a gu lé   co a ti   co ca gne   co che
co ché ni lle   co co   cau da tai re   co de   cau dé
cau di   co di lle   co do na tai re   co gne   co gné
co gnée   co gne fê tu   co ha bi té   co hé ri ti è re
co ho bé   co hue   co la tu re   co lé ga tai re   co lè re
co lé ri que   co li que   co lo nie   co lo ni a le   co ma
co lo pha ne   co lo re   co lo ré   co lo ri é   co lu re
co mè te   co mi que   co mi te   co mi té   cô ne
co ni que   co o pè re   co o pé ré   co pie   co pi é
co pa hu   co pu la ti ve   co que   co que lu che
co quilla ge   co quille   co qui ne   co ra li ne   co ri é

co ri a ce   co ri da le   co ro li ti que   co ro nai re
co ro na le   co ro ni lle   co ry phée   co te   co té   cô teau
co ti ce   co ty le.

cou che   cou ché   cou cou   cou de   cou dé   cou dée
cou la ga   cou le   cou lé   cou lure   cou pe   cou pé
cou peau   cou pe cu   cou pe ro se   cou pe ro sé   cou ru
cou po le   cou pu re   cou ra ge   cou te li è re   cou ve
cou teau   cou tu me   cou tu re   cou vé   cou vi.

cu be   cu bè be   cu bi que   cu bi ta le   cu lé
cu cu ba le   cue ille   cue illi   cu mu la ti ve   cu mu le
cu mu lé   cu pi di té   cu ra ge   cu ra ti ve   cu re
cu ré   cu ri a le   cu ru le   cu ve   cu vé   cu ve la ge.

---

da da   da me   da gue   da moi seau   da ri o le.
dé ba gou lé   dé bâ té   dé bau che   dé bau ché
dé bi le   dé bi li té   dé bi te   dé bi té   dé boi re
dé boi te   dé boi té   dé bou che   dé bou ché   dé ca de
dé bou illi   dé bou qué   dé bou te   dé bou té   dé bu te
dé bu ché   dé bu té   dé ca chè te   dé ca che té
dé ca go ne   dé ca lo gue   dé ca pé   dé ca pi te   dé cè le
dé ca pi té   dé cè de   dé cé dé   dé cé lé   dé chaî ne
dé chaî né   dé che ve lé   dé chi re   dé chi ré   dé cu
dé chi que té   dé chi que tu re   dé chi ru re   dé chu
dé chou é   dé ci de   dé ci dé   dé ci me   dé ci ma le
dé co che   dé co ché   dé co lo re   dé co lo ré   dé co re
dé co ré   dé cou ché   dé cou le   dé cou lé   dé cou pe
dé cou pé   dé cou pure   dé da le   dé cou ra ge
dé cou ra gé   dé dai gne   dé dai gné   dé di ca toi re

dé da mé   dé di ca ce   dé die   dé di é   dé di re

dé di te   dé do re   dé do ré   dé fâ ché   dé fa illi

dé fai re   dé fai te   dé fe gué   dé fé ré   dé fi gu re

dé fi gu ré   dé fi   dé fie   dé fi é   dé fi le   dé fi lé

dé fi ni   dé fi ni ti ve   dé fi ni toi re   dé go bi llé

dé goi sé   dé goû te   dé goû té   dé gueu le   dé gueu lé

dé hâ lé   dé jà   dé i ci de   dé i fi é   dé i té   dé je té

dé jeû ne   dé jeû né   dé joue   dé jou é   dé ju ché

dé la cé   dé lai   dé la vé   dé lè gue   dé li bé ra ti ve

dé lé gué   dé li bè re   dé li bé ré   dé li ca te   dé lie

dé li é   dé li re   dé li té   dé lo ge   dé lo gé   dé lu ge

dé lu té   dé ma go gue   dé ma ri é   dé mà té   dé mê lé

dé mé na gé   dé mé ri té   de meu re   de meu ré

dé mo li   dé mo ni a que   dé mu   dé mu ni   dé nai re

dé na tu ré   dé ni   dé ni é   dé ni che   dé no mi na ti ve

dé no te   dé no té   dé noue   dé nou é   dé nu é

dé pa que té   dé pa ré   dé pa vé   dé pe cé   dé pê che

dé pê ché   dé pe na illé   dé pé ri   dé pi é té   dé pi lé

dé pi la toi re   dé pi que   dé pi qué   dé pi te   dé pi té

dé po ché   dé po li   dé pou ille   dé pou illé   dé ra té

dé pu ra toi re   dé pu té   dé ra ci né   dé ri va ti ve

dé ra dé   dé ri dé   dé ri vé   dé ro be   dé ro bé

dé ro ché   dé ro ge   dé ro gé   dé ro ga toi re   dé rou té

dé rou gi   dé rou illé   dé ta ché   dé ta ille   dé ta illé

dé ta pé   dé te lé   dé te nu   dé té ri o ré   dé tê té

dé ti ré   dé to né   dé va lé   dé va li sé   dé voi lé

dé vo le   dé vo lu   dé vo lu tai re   dé vo re   dé vo ré

dé vo lu ti ve   dé vo te   dé voue   dé voué.

de mi lu ne   de ve nu   de vi ne   deu té ro no me
de vi né.

di a bo li que   di a dê me   di a go na le ; di a ne
di a lo gue di a lo gué   di a pho ré ti que   di a to nique
di è te   di é té ti que   di gé ré   di gue   di la cè re
di la cé ré   di la pi de   di la pi dé   di la ta bi li té
di la ta toi re   di la té   di la toi re   di ma chè re dî ne
dî né di re   di te   dy na mi que   di ri ge   di ri gé
di va gue   di va gué   di vi ne   di vi ni té   di u ré ti que
di zai ne.

do ci le   do ci li té   do dé ca go ne   do di na ge   do do
do di ne   do du   do ge   do gue   do gui ne   do lé
do loi re   do mai ne   do mai ni a le   dô me   do mi ci le
dau phi ne   do mi ne   do mi né   dau be   do mi ci li é
do mi ni ca le   dau ra de   do mi no   do na tai re   do re
do ré   do ri que   do ru re   do ta le   do te   do té.

du ca le   du ché   du ne   du o   du pe   du pé
du pe rie   du ra ci ne   du re mè re   du re té.

dou ai re   dou ai ri è re   dou a ne   dou ce dou che
dou ci ne   dou é   dou te   dou té   dou ve   dou ze
dou zai ne   dou zi è me.

fa ba go   fa ça de   fa ce   fa cé   fâ che   fâ ché
fâ che rie fâ cheu se   fa ci le   fa ci li té   fa cu le fa de
fa go ne   fa go tà ge   fa illi   fa illi te   fa illoi se   fa mé
fa la ca   fa la ri que   pha li ne   pha leu que   fa lo te
fa mé li que   fa mi liè re   fa mille   fa mi ne   fa na ge
fa na ti que   fa ne   fa né   fa ri bou le   fa rou che

pha re   fa ta le   fa ta li té   fa ti di que   fa ti gue
fa ti gué   fa tu ai re   fa tu i té   fa vo ri   fa vo ri se
fa vo ri sé   fa vo ri te.

feu   feu da tai re   feu ille   feu illé   feu ille té
feu illu   feu illu re   fe lou que   fé a ge   fé ca le
fé cu le   fê le   fê lé   fé li ci té   fê lu re   fe nai
fé mi ni ne   phé no mè ne   fé o da le   fé o da li té
fai re   fé ro ce   fé ru   fé ru le   fê te   fai te   fê té
fé ti de   fé ti che   fé tu   fai tu re   fè ve   fé ve ro le.

fi ce lé   fi che   fi ché   fi chu   fi chu re   fi dè le
fi dé li té   fi du ci ai re   fi é   fi è re   fi gé   fi gu ra ti ve
fi gu re   fi gu ré   fi la ge   fi la tu re   fi le   fi lé
fi li a le   fille   fi lleu le   phi lo lo gi que   phi lo lo gue
phi lo so phie   phi lo so phe   fi lou   fi lou te
fi lou té   fi lou te ri e   fi lu re   fi ne   fi na ge
fi na le   fi ni   fi ni to   fi o le   phy si o lo gie
phy si o no mie   phy si que   fi xe   fi xé   fi xi té
fi nau de.

fau cha ge   fau che   fau ché   fau ci lle   pho la de
fo lie   fo li é   fo li o   fo li o le   fau fi le   fau fi lé
fau ne   fo rai ne   fo ru re   fau te   fau ti ve   fau ve.
fu gi ti ve   fu gue   fu ma ge   fu me   fu mé
fu né rai re   fu re té   fu rie   fu ri eu se   fu ta ille
fu tai ne   fu té   fu ti le   fu ti li té   fu tu re.
foi   foi re   foi reu se.

fou   fou a ce   fou a ille   fou a illé   fou ée   fou gue
fou ga de   fou gè re   fou ge raie .   fou gueu se

fou ille · fou illé fou i fou i ne fou le 'fou lé
fou le rie fou lu re.

---

ga ba re ' ga ba ri ga ba ti ne ga be la ge ga be lé
ga che ga ché ga geu re ga le ga leu se ga lé ga
ga lè ne ga lé ni que ga lè re ga li o te ga leau
ga lo che ga lo pa de ga lo pe ga lo pé ga na che
ga re ga ré ga rou gâ te gâ té gâ teau ga ze
ga zé ga zou illé ga gua ge ga gne ga gué ga gou
ga gui.

ge lé ge nou ge nou illè re geai gé la ti ne
gé la ti neu se gé li ne gé li vu re gé meau gé mi
gé mi né gé na le gê ne gê né gé né ri que
gé né reu se gé né ro si té gé ni pa gé ni ta le
gé ni toi re gé ni tu re gé né ra le gé né a lo gie
gé né a lo gi que gé né ra li sé gé né ra li té gé nie
gé né ra ti ve gé o de.

gi be ci è re gi gue gi ra fe gî te gy ro va gue.
gueu le gueu lé gueu sa ille gueu se gueu sé.
gai gné guè de guê pe gai ne gué ri gué rie
gué ri te gaie té.
gui de gui dé gui gne gui gné gui lla ge
gui llau me gui lle dou gui llo che gui llo ché
gui mau ve gui se gui pu re gui ta re.

---

ha bi le ha bi le té ha bi lla ge ha bi lle
ha bi llé ha bi te ha bi té ha bi tu de ha bi tu é
ha che ha ché ha che reau ha chu re ha ha

ha gi o lo gi que   ha hé   ha la ge   hâ le   hâ lé
ha lei ne   ha lo   ha ma de   ha meau   ha ne ba ne
hâ te   hâ té   hâ ti ve   hâ ti veau   hâ ti ve té
ha tu re   ha va ge   ha va ne   ha ve.

heu re   heu reu se   hé bê té   hé gi re   hé lé
hei du que   hé li a que   hé li ce   hé ma go gue
hé ma ti te   hé ma to cè le   hé mé to ca le   hé mi ne
hé ma to se   hé mi o ni te   hai ne   hai neu se
hai re   hé pa ti que   hé té ro do xe   hé té ro gè ne.

hi bou   hi è ne   hi é ro ni que   hy po ty po se
hy so pe   hy a ti que   hy gi è ne   hy mé née
hy po pho re.

ho be reau   ho ca   ho che   ho che queue   ho ché
ho là   ho mi ci de   ho mo gè ne   ho mo gé né i té
ho mo lo gue   ho mo lo gué   ho mo ny me   ho no ré
ho no rai re   ho no ri fi que   ho rai re   hô te
hau te.

hu che   hu é   hu mai ne   hu me   hu mé
hu ma ni té   hu mi de   hu mi di té   hu mi li é
hu mi li té   hu mo ra le   hu ne   hu re.

---

ja chè re   ja ché ré   ja cu la toi re   ja de   ja la ge
ja le   ja que   ja veau   ja vè le   ja ve li ne.

jeu   jeu di   jeû ne   jeû né   je té   jé ré mie
jé ré mi a de.

jo li   jo lie   jo vi a le   jo vi la be.

ju bé   ju bi lé   ju ché   ju di ca tu re   ju di ci aï re
ju ge   ju gé   ju gu lai re   ju ju be   ju le   ju meau
ju me lé

ju me lé   ju pe   ju ra toi re   ju ri di que   ju re
ju ré.

jou a re   joue   jou é   jou eu se   jou i   jou jou
joû te   joie   joi gni.

---

ka li   ka ra bé   ka ra ta   ka zi ne   ki o vie.

---

la bi a le   la bi é   la bi le   la bo ra toi re   la cé
la cé ré   lâ che   lâ ché   lâ che té   la ci ni é   la di
la co ni que   la cu ne   la gue   la ma   la ma na ge
la me   la mi ne   la mi né   la mi na ge   la ni fè re
la pé   la pe reau   la pi de   la pi dé   la pi dai re
la pi di fi que   la pi ne   la que   la rai re   la té ra le
la té ré   la ti ne   la ti ni té   la ti tu de   la va ge
la ve   la vé   la vu re   la xa ti ve.

lè che   lé ché   lé ga le   lé ga li té   lé ga li se   lè ge
lé ga li sé   lé ga tai re   lé gè re   lé gè re té   lé gi ti me
lé gi ti mi té   lè gue   lé gué   lé gu me   lai   laî che
lé ni fi é   lai de   lai na ge   lai ne   le o ni ne   lé sé
lé si ne   lai te   lai té   lai ta ge   lai te rie   lai tue   lè ve
lé vi gé   lé vi te   lé vi ti que   lai ze.

li ane   li ba ge   li bé ra le   li bé ra li té   li bè re
li ce   li ci te   li é   li è ge   li é gé   li é geu se   li è ve
li ga tu re   li ge   li gue   li gué   li ma ce   li me   li mé
li mi nai re   li mi ta ti ve   li mi te   li mi té   li mi do re
li moi ne   li mo na de   li ma re   li nai re   li po me
li né ai re   li né a le   li re   ly ri que   ly re   li qui de

li qui dé   li qui di té   li qué fi é   li teau   li ti ge
li ti gi eu se   li to te   li vè che.

lo be   lo ba le   lo ca le   lo ca li té   lo ca ti   lo ge
lo ca ti ve   lo ca tai re   lo che   lo ché   lo gé   lo que
lo gi que   lo que teau   lo ré   lo té   lo re o le   lo vé.

lu ci de   lu nai re   lu na ti que   lu ne   lu ni so lai re
lu na le   lu te   lu té   lu ti ne   lu ti né   lu xe   loi
lu xu re.

----

ma ca ro ni   ma ca ro ni que   mâ che   mâ che li è re
mâ che mou re   mâ ché   mâ chi ca toi re   ma chi ne
ma chi na le   ma chi né   mâ choi re   ma chu re
ma chu ré   ma cu la tu re   ma cu le   ma cu lé
ma da me   ma gie   ma gi que   ma gna ni me
ma gna ni mi té   ma gné ti que   ma gni fi que
ma gno lie   ma ho me ta ne   ma hu te   ma jeu re
ma la bê te   ma la chi te   ma la de   ma la die
ma la di ve   ma lai   ma la xé   ma li ce   ma lé fi ce
ma lé fi ci té   ma lé fi que   ma le vo le   ma li gne
ma li gni té   ma li ne   ma me lu   ma né a ge
ma nè ge   ma ni a que   ma nie   ma ni é   ma ni è re
ma ni é ré   ma ni o que   ma ni pu le   ma ni que
ma ni veau   ma rau de   ma re   ma ré a ge   ma rée
ma ré ca ge   ma ri a ge   ma rie   ma ri é   ma ri ne
ma ri na de   ma ri ta le   ma ri ti me   ma ro ti que
ma ta mo re   ma teau   ma ti née   ma ti na le
ma ti neau   ma ti neu se   ma ti ni è re   ma ti è re
ma thé ma ti que   mâ té   mâ té reau   ma té ri a li té

ma ti   ma ti te   ma toi se   ma toi se rie   mâ tu re
ma tu ra ti ve   ma tu ri té   ma va li   ma tu ti nai re
ma xi me.

meu le   meu li è re   meu ni è re   me lo pée
me na ce   me na cé   me neau   me né   me née
me neu se   me no le   me nu   me nue   me nu a ille
me nu feu illé   me nui se rie   mé ri se   me su ra ge
me su re   me su ré   mé ca ni que   mé cè ne   mè che
mé ché   mé ca ni que   mé da ille   mé de ci ne
mé di a ne   mé di ai re   mé di a te   mé di ca go
mé di ca le   mé di ci na le   mé di re   mé di ta ti ve
mé di te   mé di té   mé fai re   mé fi é   mé gè re
mai   mei lleu re   mê lé   mé lè ze   mé li ti te
mê me   mé moi re   mé mo ra ti ve   mé na ge
mé na ge rie   mé na gé   mé na gè re   mé na lo gue
mai ne   mé no lo ge   mé phi ti que   mè re   mai re
mé reau   mai   mai rie   mé ri di o nale   mé ri se
mé ri te   mé ri té   mé ri toi re   mé ta pho ri que
mé ta pho re   mé té o re   mé to pé   mé té o ro lo gi que.

mi au le   mi ca   mi che   mi di   mi dou ai re
mi gno té   mi li ai re   mi li ce   mi li tai re   mi me
mi ne   mi na ge   mi né   mi ne rai   mi né ra le
mi né ra lo gie.   mi neu re   mi ni me   mi no ri té
mi nu te   mi nu té   my o pe   my o pie   my o lo gie
my o to mie   my ri a re   my tho lo gie   my tu le
my tho lo gi que.

mo bi le   mo bi li té   mo ca   mo da le   mau di re
mau di te   mo te   mo dè le   mo dè re   mo dé ré

mo di ci té   mo di fi ca ti ve   mo di fi é   mo di que
mo du le   mo le   mau gè re   mo lai re   mo lé cu le
mo na ca le   mo na de   mo né tai re   mo ni a le
mo ly   mo ni toi re   mo no cu le   mo no lo gue
mo no me   mo no pé ta le   mo no po de   mo no po le
mo no to ne   mo no to nie   mau pi teu se   mo que
mo qué   mo que rie   mo queu se   mo ra bi te
mo ra ille   mo rai ne   mo ra le   mo ra li té   mo re
mo ra toi re   mo reau   mo rè ne   mo ri gè ne
mo ri gé né   mo ri lle   mo ri ne   mo ro se   mo ro si ve
mo ro si té   mo sa ï que   mo ï se   mo za ra be
mo ta ci lle   mo ti ve   mo ti vé   mau so lée
mau vai se   mau ve.

mu ci la ge   mu ci la gi neu se   mue   mu é
mu ge   mu gi   mu guè te   mu i re   mu i te   mu le
mu ni ci pa le   mu ni ci pa li té   mu ni ci pe   mu ra ille
mu ra le   mu re   mu ré   mu rè ne   mu ri a te
mu ri   mu ri a ti que   mu ru cu ca   mu sa rai gne
mu se   mu seau   mu sée   mu se li è re   mu se ro le
mu si ca le   mu si que   mu ta bi li té   mu ti le
mu ti lé   mu ti ne   mu ti né   mu ti ne rie   mu ti que.

moi   moi ne   moi neau   moi na ille   moi ne rie
moi re   moi ré   moi si   moi te   moi ti é.

mou che   mou che té   mou che tu re   mou chu re
mou illa ge   mou ille   mou illé   mou ille bou che
mou illu re   mou la ge   mou le   mou lé   mou li na ge
mou li ne   mou li né   mou lu   mou lu re   mou tu re.

na bo te   na ca ro te   na ge   na gé   na geoi re
na guè re   naï ve   naï ve té   na ri ne   na ta le
na ti ve   na ti vi té   na tu ra li té   na tu re   na va le
na vi gue   na vi gué   na vi re.

neu me   neu re   neu ve   neu vai ne   neu vi è me
ne veu.

né bu lé   né bu leu se   né ga ti ve   né go ce   négocie
né go ci é   nei ge   nei gé   nai ne   né o co re   nai re
né o lo gi que   né o lo gue   né o phy te   né ri te.

nice   niche   ni ché   ni chée   ni do reu se   nie
ni é   ni è ce   ni gau de   ni gau de rie   ni lle   ni llée
ni que   ni veau   ni ve lé.

no bi li ai re   no ce   nau la ge   nau ma chie   no me
nau sée   nau ti le   no ma de   no mi na ti ve   no ne
no na gé nai re   nau pa ge   no tai re   no ta   no ta bi li té
no ta ri é   no te   no té   no ti fie   no ti fi é   no vice
nau ti que   no toi re   no to ri é té   no va le.

nu a ge   nu bi le   nu di té   nue   nu ée   nu que
nu mé ra le   nu mé ri que   nu mé ro   nu mé ro té.

noi re   noi rau de   noi se   noi se ti è re.

nou é   nou eu se   nou veau   nou veau té.

---

pa ca ge   pa ci fie   pa ci fi é   pa ci fi que   pa dou
pa co ti lle   pa dou a ne   pa ge   pa gue   pa go de
pa ille   pa illé   pa la ta le   pa la ti ne   pâle   pâ li
pâ me   pâ mé   pa na che   pa na ché   pa na de   pa pa
pa na ge   pa ne ti è re   pa ni cu le   pa ni que   pa pe
pa pau té   pa pe gai   pa pe li ne   pa pe lo né   pâ que

parabole parabolique parachevé parado
paraphe paradoxale paradoxe paraphé parage
paralysie paralytique paraselène paréage
parégorique pareille parénétique paraire
pari paria parie parié pariade parité
pariétaire parodie paroi pare paroire
paré parole paroli parotide patache patate
pate pâté patélinage patéliné patène
patère patine patiné pâturage pâture
pavage pavane pavané pave pavé.

pelade peu à peu peuille pelage pelamide
pelote peloté pelé pelouse pelu peluche
peluché pelure peureuse.

piaculaire piano pica picholine picote
picoté pièce piège piété pigne pignoné
pile pilé pilau pylore pilori pilotage
pilote piloté pilule pinéale pioche pioché
piaule pipe pipé pipeau pique piqué
piquenique piqûre pyramidale pyramide
pyramidoïde pire pyrène pyrétologie pyrite
pyrole piteuse pyrophore pirogue pyrotique
pite pituite pituitaire pythie pivoine pivote.

pau poche poché pocheté poge pôle
polaque pôlémique poli police policé
politique polygame polygamie polygone
polype polypérale polypode paume paumure
paupière paupoire populaire popularité
populeuse porace pore poreuse porosité

panse posé potage potagère pote potée
potelé poterie poteau pubère puce pué
pudicité pudique puérile puérilité puîné
puisage puisé punaise punique pureau
pure purée pureté purificatoire purifie
purifié putative.

poile poileau poilu poire poirée poireau.

pouce pouche pouille pouillé poulaine
pouillerie poule pouliche poulie poulié
pouline poulinière poupe poupée pou
poupine.

___

quachi qualifie qualifié qualité quasi
quasimodo.

queue quenouille quenouillée.

quai quaiche queraïba quérimonie quête
quêté quêteuse.

quiète quiétude quillage quille quillé
quinaire quinaude quine quinola quivalà
qui vive.

quotité quote quoi quoique.

___

rabache rabaché rabêti rabateau rabiole
raboni raboté raboteuse rabouillère rabouti
race racage racaille rache rachète racheté
rachitique racinage racine racolage racolé
rade radé radié radicale radicule radeau
radotage radoire radoube radoubé radouci

rafale rage ragai râle ramage ramaille
ramaillé raine ramé ramaire ramène ramée
ramené ramereau rameuse ramifie ramifié
rameau ramoné ranime ranimé ranine ranule
ranulaire rapace rapacé rapide rapidité
rapièce rapiécé rapiécetage rapiéceté rapine
rapière rapiné rapure raque rare rareté
rarefie rarefié rarifeuillé rasade rase
rasé rasière rasure ratafia rate ratelé
raté ratatine rateleuse ratière ratifie
ratifié ratine ratiné rature raturé rateau
ravage ravagé ravale ravalé rave ravi
ravière ravigote ravigoté ravili ravine
ravise ravisé ravitaille ravitaillé ravivé.
re baisé relaté rebâti rebéni rebéqué
rebuté rebaudi reboire rebouché recaché
recachète recacheté recale recalé recède
recédé recèle recelé recouleuse recepage
recepée receveuse reçu rechu rechue
rechigné rechûte recogné recopié recoquillé
recouché recousue recoulé recoupe recoupé
recouru recueilli reculé reculade
redevenue redire redite redoute redouté
refaire refoule refoulé refuge refuite
refuse réfusé refute réfuté regagne regagné
rejailli rejeté rejouie relâche relâché relate
relaté relative relai relégué relève relevé
reliage relie relié relique reliquaire reliûre
reluqué

relu qué remache remanié remanière remède
remédié remémorative remené remeuré
remolade remole remoulu remue renie
renié renopé renoue renoué renouveau
renouvelé repose repaire repère retaille
retapé retenu retirade retiré revêche
revenu revirade reviré revivifie revu
revomi.

réale réalité récapitule récapitulé récidive
récidivé récite récité récolé. récupéré
rédigé réédifié référé réfugié réfuté
régale régalé régénéré régicide régime
régione régule régulière réguline régularité
réhabilité réitéré rémora, rémunératoire
rémunéré reine raine rénaire raineau
rainoire rainure répare réparé répète
répudié réputé raire raisiné réticulaire
rétive rétine révélé réveille rêve rêvé
révéré réuni révocatoire révolu révoqué.

ribotage ricané riche ride ridé rideau
ridicule ridiculisé ridiculité rigide rigole
rigidité rimaille rime ripaille ripopée
ripuaire rire rite rivage rivale rivalité
rive rivé rivière.

robe roborative rocaille roche raucité
rode rogatoire rogne rogné rognure rogue
rôle romaine roquille roque rote rôti
rotule roture roturière.

ru a de   ru béo le   rubi cau   ru che   ru de   ru é
ru gi   ru i ne   ru i né   ru mi né   ru ni que   ru ra le.

roi de   roi di   rou a ge   rou che   rou cou   rou é
rou gi   rou geau de   rou geo le   rou illu re   rou illé
rou i   rou la de   rou la ge   rou leau   rou le   rou lé
rou te   rou ti ne   rou ti né   rou ti è re.

---

sa bi ne   sa bou lé   sa co che   sa ga ci té   sa ge
sa gou   sa illi   sa la de   sa lue   sa lué   sa la ge
sa lai re   sa le   sa lé   sa la rié   sa le té   sa li cai re
sa li co que   sa li è re   sa li ne   sa li que   sa li vai re
sa li ve   sa lu a de   sa lu re   sa lu tai re   sa me di
sa pa jeu   sa pe   sa pé   sa phi que   sa po ri fi que
sa ro ni de   sa ti na de   sa ti né   sa ty re   sa ti ré
sa ti ri que   sa va te   sa ve té   sa vou re   sa vou ré.

se coue   se cou é   se cou ru   se mai ne   se mou le
seu le   se mé   se mi   se neau   se rei ne   se ri ne.

sè che   sé ché   sé cu lai re   sé cu la ri se   sé cu ri té
sé cu la ri sé   sé cu la ri té   sé da ti ve   sei gneu rie
sei gneu ri a ge   sei gneu ri a le   sei ne   sei gne   sai gné
sé lé ni te   sé né   sé ne vé   sé né cha le   sé pa re
sé pa ré   sé ra phi que   sé ré na de   sé ré ni té   sè ve
sé vè re   sé vé ri té   sé vi   sei ze   sé mé lo ti que
sé mi nai re   sé mi na le   sé na to ri a le.

si ci le   si dé ra le   si li que   si ma rou ba   si mi lé
si mi lai re   si mi li tu de   si mo ni a que   si mu lé
si a la lo gue   si a moi se   si ba ri te   si cai re
sy co mo re   si è ge   si lè ne   si li ce   si li cu re

si lu re   sy na go gue   sy na lè phe   si na xe   si te
si no dy que   sy no ni me   si no que   si nu é   si re
si nu o si té   si rè ne   si ro té   si tu é.

so ci a le.   so ci é té   so fa   so phi   so lai re
so la mi re   so le   so li dai re   so li da ri té   so lo
so li di té   so li de   so li lo que   so li pè de   so li ve
so li tai re   so li tu de   so li veau   sau le   so na te
sau mo neau   sau mu re   sau na ge   so ni ca   so no re
sau re   so po ra ti ve   so po ri fè re   so po ri fi que
sau te   sau té   sau te reau   sau va ge   sau va gi ne
sau ve   sau vé   sau ve té   sau ve vie   seau geoi re.

su a ge   su ai re   su a vi té   su bi   su bi te   su ce
su cé   su do ri fi que   sue,   su é   su i ci de   su i te
su pé ri o ri té   sû re   su réau   su ré ro ga toi re
su re té   su tu re   su ze rai ne   su ze rai ne té.

soie   soi gne   soi gné   soi gnée   soi gne se
soi rée   sou che   sou ci   sou cou pe   sou dai ne
sou de   sou dé   sou du re   sou hai te   sou hai té
sou ille   sou illé   sou lé   sou le vé   sou li gne
sou li gné   sou pa pe   sou pe   sou pé   sou pi re
sou pi ré   sou ri ceau   sou ri re   sou ti ré   sou ve rai ne
sou ve rai ne té.

---

ta ba ri na ge   ta ba ti è re   ta bi de   ta che   ta ché
ta che té   ta ci té   ta fi a   ta illa dé   ta ille   ta illa dé
ta lo che   ta pa ge   ta pe   ta pé   ta pe cu   ta pi
ta po té   ta qué   ta qué   ta qui ne   ta ra re   ta re
ta ré   ta ri   ta ri è ré   ta ri té   ta ro dé   ta ro te
ta rou pe   ta té   ta ve lé.

tenaille : tenaillé   tenue   tenure   teté.

teigne teignerie témé raire témérité tenace
ténacité   témoignage   témoigne   témoigné
ténare ténu ténuité taire   têtu.

tiare   tie   tiède   lige   tigé   timide
timidité   timoré   tine   type   typique
tique tiqueté tirade tirage tire · tirelire
tiré   tiretaine   titulaire.

tocane   toge   tôle tolère toléré tome
tonique topaze taupe taupière taupinière
topique   toque   taure   taureau   taurobole
tory · totalité   tautologique.

tube ·   tubéraire , tubéreuse   tubérosité
tubule   tubulure   tue   tué tufière tuge
tuile   tuileau   tuilerie   tulipe   tuméfié
tunique tuniqué turelure tute turiféraire
tutélaire.

toile toilerie toise   toisé   toiture.

touage   touaille   touche   touché   toué
toupie   touraille · tourie   tourière   toute
toutenague   toutesaine.

vache vachère   vacherie   vacuité vade
vaginale vague   valériane valetaille valide
valétudinaire   valeureuse   validé validité
valu vanité vaporeuse   vare varice varie
varicocèle varié   variété   vase   vateau
vane   vané.

ve lou té ve lu ve né ve nu veu va ge veu le veu ille vœu.

vé gé ta le vé gé ta ti ve vé gè te vé gé té vé hi cu le vei ne vai né vé lé vé lo ci té vé na le vé na li té vé né fi ce vé né ré vé ra ci té vé ri di ci té vé ri té vé ri di que vé ri fi e vé ri fi é vé ri ne vé ti lle vé ro ni que vê tu vê tu re.

vi a gè re vi a ti que vi cai re vi ca ri a le vi ce vi ci é vi da me vi da mé vi dui té vi de vi ve vi gne vi gi le vi go gne vi le vi lai ne vi le né vi le té vi mai re vi o le vi o lé vi pè re vi pe reau vi pé ri ne vi ra go vi re lai vi ré vi ri le vi ri li té vi ro le vi ro lé vi ru re vi ta le vi te vi va ce vi va ci té vi vi fie vi vi fié vi vi que vi vi pa re vi vo te vi vo té.

vo ca bu lai re veau vo ca le vo gue vo gué vo le vo lé vo la ille vo la ti le vo la ti lle vo la ti li sé vo la ti li té vo le té vo li è re vo li ge vo lu me vo lu bi li té vo lu te vo mi vo mi que vo mi ti ve vo mi tai re vo ra ce vo ra ci té vo te vo té vo ti ve vau de rou te vau tré.

voi ci voi e voi là voi le voi lé voi lu re voi re voi tu re voi tu ré.

vou è de vou ge vou lu vou te vou té.

---

cha cu ne cha fou i ne cha leu reu se cha lou pe cha lu meau cha moi se rie cha noi ne cha noi nie cha te chà teau cha pe cha pé cha peau

cha pe lé cha pe li è re cha pi teau cha que cha rée
cha ra de cha re tée cha ri a ge cha rie cha ri é
cha ri té cha ri va ri cha tai gne cha ti é
cha ti è re cha vi re cha vi ré.

che mi née che mi se che na le che ne vi è re
che ni lle che nu che va le rie che vau ché
che ve lé che ve lu che ve lu re.

ché mo sie che naie chai ne chê ne chai re
ché neau chai se chè re ché ti ve.

chi ca ne chi ca ne rie chi ca neu se chi che
chi co ra cé chi co rée chy le chy li fè re chi mie
chi mé ri que chi mi que chi noi se chi pa ge
chi po ti è re chi que nau de.

cho co la ti è re chau de chau di è re chô ma ge
chô me chau me chau mé chau mi è re cho se
chau ma ge chau la ge chau mi ne cho pi ne
cho que cho qué chau ve chau ve té chue
chu chè te chu cho te chu cho te rie chu cho teu se
chu te choi si choi sie.

chou chou chou chou là chou ra ve.

————————

a gneau a gnè le a gne lé a gne li ne i gna me
i gna re i gno mi nie i gno mi ni eu se i gno re
i gno ré.

bl cl fl gl pl

En présentant la combinaison de ces deux arti-culations on fera remarquer à l'élève qu'il doit former séparément et distinctement chaque articulation avant de faire entendre le son ou voyelle; qu'ainsi pour articuler bl, *il doit détacher les lèvres pour former* b, *et en même temps lever la langue au palais où il la tiendra prête à former* l. *Pour le lui faire mieux sentir, on l'arrêtera dès qu'il aura détaché les lèvres, et il s'apercevera alors facile-ment que sa langue est en effet attachée au palais d'où il est obligé de la détacher en faisant entendre la voyelle.*

Les autres combinaisons offrent le même résultat, et le maître peut lui faire facilement les mêmes observations.

bla ble blé blè bli blo blu blou bloi
bleu blei blei bly blau
blai blai   bleau

---

cla cle clé clè cli clo clu clou cloi
cleu clei clei cly clau
clai clai   cleau

---

fla fle flé flè fli flo flu flou floi
phla fleu flei flei fly flau phlu
phleu flai flai   fleau

---

gla gle glé glè gli glo glu glou gloi
gleu glei glei gly glau
glai glai   gleau

---

pla ple plé plè pli plo plu plou ploi
pleu plei plei ply plau
plai plai   pleau

---

bla ma ble   bla me   bla mé   bla se   bla sé.
bleu   bleu i   blé   blè che   blè me   blè mi
blai reau.

blo ca ge

blo ca ge   blau de   blo que   blo qué   blou se blou sé.

---

cla bau da ge   cla bau de   cla bau dé   cla pi
cla bau de rie   cla bau deu se   cla que   cla qué
cla que mu ré   cla que té   cla que o rei lle   cla ri fie
cla ri fi é   cla ri ne   cla ri né   cla ti   cla veau
cla ve lé   cla vi cu le   cla ti è re.

clé ché   claie   clai re   clai re voie   clai ru re
clé ma ti te   clé ri ca le   clé ri ca tu re.

cli foi re   cli gne   cli gné   cli gno té   cli ma té ri que
cly mè ne   cli ni que   cli que.

clo a que   clo che   clo ché   clo pi né   clo scau
clau se   clo se rie   clô tu re   clô tu ré   clau de.
clu se   clu sé   clou é   clou té   clou te rie   clou ti è re.

---

fla che   fla cheu se   fla geo lé   fla mi ne   fla que
fla qué   fla qui è re   fla teu se   fla tu o si té.

fleu ra ge   fleu ré   fleu re té   fleu rée   fleu ri
fleu rie   fleu ve.

flé au   flèche   flé chi   flai ne   flai ren se
flai re   flai ré   phlé bo to mie   phlé ni cu re
flo re   flo rée   phlo go se   flo ri po re.
flu é   flu i de   flu i di té   flû te   flû té   flû teu se.

---

gla ce   gla cé   gla ceu se   gla ci a le   gla ci è re
gla ma   gla na ge   gla ne   gla né   gla neu se
gla nu re   gla pi.

glè be   glè ne   glé no ï da le   glé no ï de   glai re
glai reu se.

glo be   glo bu le   glo bu lai re   glau co me
glo ri eu se   glo ri fi é   glo se   glo sé.

glu au   glu é   glu i   glu ti na ti ve   gloi re
glou glou.

---

pla ca ge   pla ce   pla cé   pla ge   pla gi ai re
pla ma   pla ma ge   pla me rie   pla ne   pla né
pla nè te   pla né tai re   pla ni phè re   pla nu re
pla que   pla qué   pla ta ne   pla te   pla tée   pla ti ne
pla ti tu de   pla teau   pla to ni que   pla teu re.

pleu re   pleu ré sie   pleu ré   pleu ve.

pléï a de   plai de   plai dé   plai deu se   plaie
plai doi rie   plei ge   plei gé   plai ne   plei ne
plé ni è re   plé ni tu de.

pli a ble   pli a ge   pli ca ti le   plie   pli é   pli que
pli eu se.

plo mée   plo ta ge   plau ba ge   plau si bi li té.

plu ma ge   plu me   plu mé   plu mée   plu me té
plu ma ceau   plu meu se   plu meau   plu mo ta ge
plu mo té   plu mu le   plu ra li té   plu ri lo cu lai re
plu vi a le   plu vi eu se.

---

br cr dr fr gr pr tr vr

La combinaison de ces deux consonnes présente deux articulations qui sont très-rapides ; il faut néan- moins que l'élève les forme bien distinctement, ce qui ne lui sera pas difficile les sachant articuler séparément. On pourra cacher le b pour lui faire juger l'articulation de r seul sur la voyelle, si l'on voit qu'il balance.

---

bra bre bré brè bri bro bru brou broi
breu brei brei bry brau
brai brai breau

---

cra cre cré crè cri cro cru crou croi
creu crei crei cry crau
crai crai creau

---

dra dre dré drè dri dro dru drou droi
dreu drei drei dry drau
drai drai dreau

---

fra fre fré frè fri fro fru frou froi
freu frei frei fry frau
frai frai freau

gra gre gré grè gri gro gru grou groi
greu grei grei gry grau
grai grai greau

---

pra pre pré prè pri pro pru prou proi
preu prei prei pry prau
prai prai preau

---

tra tre tré trè tri tro tru trou troi
treu trei trei try trau
trai trai treau

---

vra vre vré vrè vri vro vru vrou vroi
vreu vrei vrei vry vrau
vrai vrai vreau

---

bra gue bra ille bra illé bra illeu se bra me
bra mi ne bra gue bra gué bra vé bra si llé
bra va che bra va de bra ve bra vé bra ve rie
bra vou re.

bre di bre da bre dou ille bré dou illé bre lo que
bre lu che bre ta ille bre ve tai re breu va ge.

brè che brai brè ve bré hai gne brè me
brai rè brai se brai si è re bré vi ai re.

bri be bri co le bri co lé bri de bri dé bri fe

bri è ve · bri ga di bri gno le bai gne bai gné
bri lle bri llé bri o che bri o ne bri que
bri que ta ge bri que té bri se bri sé bri su re.

bro che bro ché bro chu re bro co li bro de
bro dé bro de rie bro deu se.

bru co la que bru i ne bru i né bru i re
brû le brû lé brû lu re bru ma le bru me
bru ne bru ni bru ni tu re brou i brou te brou té.

---

cra be cra che cra ché cra cho té cra mi né
cra moi si cra ne cra pau da ille cra pau di è re
cra pau di ne cra pu le cra pu leu se cra pu lé.
cra que cra qué cra que té cra tè re cra ti cu lé
cra va te.

cre to cre nean creu sé creu sé cre va ille cre vé.

craie crè che crè me cré mi ê re crè pe
cré a tu re cré di bi li té cré du le cré du li té
cré é cré ma illè re cré ne lé cré ne lure cré pi
cré o le cré pi ne cré po da ille cré pu crè te cré té.

cri a ille cri a illé cri ble cri blé crie cri é
cri ti que cri ti qué cri se.

cro co di le cro che cro che té cro chu cro ne
cro que cro qué cro qui gno le cro ta phi te.

cru au té cru ché cru chée cru ci ale cru ci fie
cru ci fè re cru ci fi é cru di té cru ra le cru za de.

croi re croi sa de croi se croi sé croi su re
croi sée croi si lle.

crou le crou lé crou li è re crou pa de

crou pe   crou pi è re   crou pi   crou te   crou tée.

---

dra gée . dra gue   dra me   dra ma ti que
dra peau   dra pe rie   dra pe .   dra pé .   dra ve.
dre li ne   drè che   drè ge   dri lle   dri llé
dry a de.

dro gue   dro gué   dro gue rie   dro le   dro le rie
dru i de.

droi te   droi ti è re   droi tu re.

---

fra gi le   fra gi li té   phra se   fra tri ci de   fra tri sée.
fre lu che   fre la te   fre la té   fre dai ne.
fré ga te   fré mi   fraî che   fraî chi   frai se
phré né ti que   fré le   frê ne   frè re   frè te
fré té   fré ti lle   fré ti llé.

fri a ble   fri a bi li té   fri che   fri gi di té   fri me
fri leu se   fri pe rie   fri pe   fri pé   fri pe sau ce
fri pi è re   fri re   fri se   fri sé   fri su re   fri te
fri ti lai re   fri vo le   fri vo li té.

fro lé · fro ma ge   fro ma gè re   fro ma ge rie.

fru ga le   fru ga li té   fru i té   fru i ti è re
froi du re   froi de.

---

gra ba tai re   gra bu ge   gra ce   gra ci eu se
gra ci a ble   gra ci eu sé   gra ci li té   gra de
gra dué   gra nu lé   gra illé   gra phi que   gra ti fie
gra ti cu lé   gra ti fi é   gra ti tu de   gra tu i te
gra tu i té   gra ve   gra ve lu re   gra vé   gra vi
gra vi té   gra vu re.

gre di ne   gre li ne   gre na de   gre na di lle
gre na di ne   gre na ille   gre na illé   gre ne lé
gre na ge   gre na di è re   gre nou ille   gre nu
gre nou illè re   gre vé.

gré é   gré gue   gré si llé   grè le   gré lé
grè ve   grai ni è re   grai ne   grai né.

gri è che   gri è ve   gri gno te   gri gno té   gri lle
gri llé   gri lla de   gri ma ce   gri ma ci è re   gri me
gri mé   gri me li na ge   gri moi re   gri se   gri ve
gri ve lé   gri ve le rie   gri voi se.

gro gne   gro gné   gro gneu se   gro sei lle.

gru au   grue   gru ge   gru gé   gru me
gru meau   gru me lé   grou ille   grou illé   grou pe
grou pé.

---

pra li ne   pra me   pra se   pra ti ca ble   pra ti que
pra ti qué.

pré a la ble   pré au   pré cai re   pré cè de
pré cé dé   pré ci pi te   pré ci pi té   pré co ce
pré co ci té   pré co ni se   pré co ni sé   pré dé cé dé
pré di re   pré di te   pré do mi né   pré do mi ne
pré fa ce   pré fè re   pré fé ré   pré fi ni   pré fi xe
pré ju di cie   pré ju di ci é   pré ju gé   pré la tu re
pré lé gué   pré lè ve   pré le vé   pré li mi nai re
pré lu de   pré lu dé   pré ma tu ré   pré ma tu ri té
pré mé di té   pré mu ni   pré o pi né   pré pa ra toi re
pré pa re   pré pa ré   prai ri a le   prai rie   pré sa ge
pré sa gé   pré si de   pré si dé   prè te   prê té

pré teu se   pré toi re   pré tu re   pré va lu
pré va ri qué.

prie   pri é   pri è re   pri eu re   pri eu ré
pri mau té pri me pri mé pri me vè re pri mi ti ve
pri mo ri té pri mo pri o ri té pri va ti ve pri vé
pri vi lé ge   pri vi lé gié   pry ta née.

pro ba bi li té pro ba ble pro ba ti que pro be
pro ba toi re   pro bi té   pro cè de   pro cé dé
pro chai ne   pro che pro cu re   pro cu ré
pro cé du re pro di ge pro di ga li té   pro di gue
pro di gué   pro du i re   pro fa ne   pro fa né
pro fè re pro fé ré pro fi te pro fi té pro hi be
pro hi bé pro hi bi ti ve   pro li xe pro li xi té
pro me na de   pro mè ne   pro me né   pro mu
pro ne   pro né   pro no mi na le   pro pa gé
pro pre pro pre té pro pri é té pro pri é tai re
pro phè te pro phé ti que pro phé ti se pro ra ta
pro phé ti sé pro ro ge pro ro gé pro sa ï que
pro se pro so die pro so di que pro te pro tée
pro tè ge pro té gé pro to ca no ni que pro to co le
pro to no tai re pro té ty pe pro ve nu pro vi gne
pro vi gné pro vi soi re pro xé ni té pro xi mi té.
pru de pru de rie pru ne pru neau pru ne laie
pru ne lée.

proie   proue   prou ve   prou vé.

---

tra ce tra cé tra fi que tra fi qué tra gi que
tra gi co mi que tra hi tra ille tra pè ze tra pu

tra que

tra va de   tra va ille   tra va illé   tra va illeu se.

tré bu che   tré bu ché   trei-lle   trei lla ge

trei ze   trei zi è me   tré ma   traî ne   traî né

traî neau   tré pa né   tré pi gne   tré pi gné.

tri a ge   tri bu   tri bu le   tri bu ne   tri bu tai re

tri che   tri ché   tri co te   tri co té   tri co ta ge

tri de   tri gau de   tri ni té   tri ni tai re   tri nô me

tri o   tri pa ille   tri pe   tri pi è re   tri po li

tri po ta ge   tri po te   tri po té   tri que   tri qué

tri rè me   tri tu re   tri tu ré   tri vi a le   tri vi a li té

tri tu ra ble   tri ple   tri pli ci té.

tro chi te   tro chi le   tro chu re   tro ë ne   tro gne

tro gue   trô lé   trô ne   trô ni è re   tro pe   tro phée

tro pi que   tro po lo gi que   tro que   tro qué.

trou ble   trou blé   trou   trou é   trou pe

trou peau   trou va ille   trou ve   trou vé.

tru che   tru ché   tru ble   tru blé   tru i te

tru me   tru meau.

vrai   vrè de   vri lle.

---

sc sp sph st scr str

En présentant cette nouvelle combinaison à l'élève, il faut lui faire remarquer qu'il doit faire précéder d'un sifflement la syllabe qu'il va prononcer, afin d'articuler s, après lequel il doit articuler distinctement les autres consonnes de la même manière qu'il a déjà fait, et afin de le fixer à ce sujet, on lui

7

fera faire d'abord le sifflement, et ensuite on lui fera articuler séparément les consonnes qui suivent, en lui faisant exécuter ces divers mouvements un peu plus vîte successivement.

———————

sca bi eu se   sca breu se   sca lè ne   sca phe
sca phé   sca pho ï de   sca pu lai re   sca ra bée
sca ra mou che   sca re   sca ri eu se   sca ri fie
sca ri fi é.

sco la ri té   sco lie   sco ri fic   sco ri fi é
sco ri fi ca toi re.

spa ci eu se   spa di lle   spa gy ri que   spa hi
spa tu le   spa tu lé.

spé ci a li té   spé ci ale   spé ci fie   spé ci fi é
spé cu lai re   spé cu la ti ve   spé cu le   spé cu lé
spi ca   spi ra le   spé ci lè ge   spi re   spi ri tu a li té
spi ri tu a li sé.

spo de   spo lie   spo li é   spo ra de   spo ra di que
spu mo si té.

spha cè le   spha cé lé   sphé no ï de   sphè re
sphé ri ci té   sphé ro ï de

sta bi li té   sta ge   sta phy lô me   sta tue   sta tu é
sta tu ai re   sta ti que   sté a ti te   sté a to cè le
sté ri le   sté ri li té   sti bi é   sti pu lé   sto ï que
sto ma ca le   sto ma chi que   sto re   sty le   sty lé
sty lo ba te.

stu di eu se   stu pé fai te   stu pé fi é   stu pi de
stu pi di té.

scri be   scro fu leu se   scru pu leu se   scru té scru pu le.

stra ta gê me   stra to ni ce   stra to gra phie stri é   stri gi lle   stri que   stro bi le   stro phe.

Questions à faire à l'élève, et qu'on renouvellera jusqu'à ce qu'il sache bien y répondre.

D. Combien y a-t-il de voyelles ?

R. Cinq.

D. Nommez-les ?

R. *a*, *é*, *i*, *o*, *u*.

D. Combien de sons forment ces cinq voyelles ?

R. Neuf.

D. Nommez-les ?

R. *a*, *e*, *é*, *è*, *i*, *o*, *u*, *ou*, *oi*.

D. De combien de manières peut-on faire *e* muet ?

R. De trois, avec *e* muet, avec *e u* et avec *oeu*.

D. De combien de manières peut-on faire *é* fermé ?

R. De trois, avec *é*, (accent aigu), avec *ei* et avec *ai*.

D. De combien de manières peut-on faire *è* ouvert ?

R. De trois, avec *è*, (accent grave), avec *ei*, avec *ai*.

D. De combien de manières peut-on faire *i* ?

R. De deux, avec *i* et avec *y* grec.

D. De combien de manières peut-on faire *o* ?

R. De trois, avec *o*, avec *au* et avec *eau*.

D. Les consonnes peuvent-elles s'employer toutes seules ?

R. Non, il faut qu'elles soient accompagnées d'une voyelle ou son.

D. Les voyelles ou sons peuvent-ils s'employer seuls ?

R. Oui (1).

D. De quoi se composent les mots?

R. De voyelles et de consonnes.

D. Combien de voyelles ou sons entendez-vous dans le mot *bateau*?

R. Deux, *a*, *o* (2).

D. Quelle consonne reconnaissez-vous dans *ba* (3)?

R. *b*.

D. Quelle consonne reconnaissez-vous dans *teau* (4)?

R. *t*.

D. Comment se divisent les mots?

R. En syllabes.

D. Qu'appelez-vous syllabes?

R. J'appelle syllabe, le morceau d'un mot qui peut se prononcer tout d'un coup avec un seul son (5).

D. Mais en lisant bien vite ne pourrait-on pas prononcer deux syllabes à la fois?

R. Non, c'est impossible. (6).

D. De combien de syllabes un mot doit-il être composé?

R. D'une au moins (7).

---

(1) On citera alors à l'élève des mots tels que *ai*, *a* (du verbe avoir), *à* préposition, *au* article, *eau* élément, etc.

(2) On pourra citer d'autres mots, de trois, quatre, cinq et même de six syllabes.

(3) Il faudra faire faire à l'élève l'articulation de *b* en silence.

(4) Même observation.

(5) Il faudra citer à l'élève plusieurs mots et lui faire remarquer chaque syllabe séparément.

(6) On fera entendre à l'élève des mots d'un prononciation rapide, tels que Dieu, lieu, lui, puits, pied, notion, et on lui fera remarquer que, pour si vîte que l'on prononce, on entend toujours distinctement les deux sons.

(7) On citera à l'élève des mots d'une ou plusieurs syllabes tels que

ab ac al am an ar as

La voyelle qui précède la consonne ne présentera pas plus de difficultés à l'élève que les leçons précédentes. Il suffira de lui dire qu'il doit faire entendre le son ou voyelle avant d'articuler la consonne, en lui faisant observer que lorsqu'il prononce ba, *il détache d'abord les lèvres et fait entendre ensuite le son* a *qu'il peut prolonger autant qu'il le veut; tandis que lorsqu'il prononce* ab *il faut qu'il fasse entendre d'abord la voyelle* a *qu'il coupe et dont il arrête le son en fermant la bouche pour articuler* b, *et de même pour toutes les leçons qui se présenteront.*

---

ab. ab cè de   ab cé dé   ab di que   ab di qué   ab ju re
ab ju ré   ab so lu   ab so lu toi re   ab sou te.

ac. ac cè de   ac cé dé   ac cé lè re   ac cé lé ré   ac te
ac ti ve   ac ti vi té.

ad. ad ju di ca ti ve   ad ju di ca tai re   ad ju ge
ad ju gé   ad ju ré   ad mi ni cu le   ad mi ra ble
ad mi re   ad mi ré   ad mi ra ti ve   ad mi se
ad mi ra tri ce.

al. al bi que   al bu gi ne   al ca de   al ca ï que

D'une syllabe, pain, main, feu, peur, etc.
De deux, gat eau, pom me, pâ té.
De trois, fro ma ge, bou tei lle.
De quatre, re com peu se con ten te ment.
De cinq, re mi ni scen ce, or di nai re ment.
De six, con ti nu el le ment, ex té ri eu re ment, etc.

al ca li   al ca li ne   al ca li sé   al cée   al chi mie
al chi mi lle   al co ve   al bâ tre   al pha be ti que
al lai te   al lai té   al lè ge   al lé gé   al lé go ri que
al lé go ri se   al lé grò   al lè gue   al lé gué
al lé ln i a   al lé sé   al lé su re   al lo bro ge
al lo di a le   al lu re   al te   al té ra ble   al tè re
al té ré   al ti è re.

am em *sons égaux.*

am ba re   em ba ta ge   em ba té   em bé gui né
am bi gu   am bi gu ï té   am ble   am bly go n e
am bly o pie   em bau che   em bau ché   em bau me
em bo di nu re   em bau mé   am bu la toi re
em bou che   em bou ché   em bou qué   em bou té
em boi re   em boî te   em boî té   em boî tu re
am phi bie   am phi bo lo gie   am phi bra que
am phi ma cre   em mai gri   em ma ga si ne
em ma ga si né   em ma illo té   em ma ri né   em me né
em me na ge   em mè ne   em mé no lo gie   em mi é té
em mi tou flé   em mi tré   em mu sé lé   am pho re
em pa illé   am ple   am pli é   am pé li te   am pou le
em pa que té   am pou lé   em pa lé   em pa na ché
em pa ré   em pa té   em pê che   em pha se   em pi le
em pha ti que   em phy té o te   em pi é té   em pi lé
em pi re   em pi ré   am pli a ti ve   am pli fi é
am pli tu de   em po che   em po ché   am pu te
am pu té   em pau mé   em pau mu re   em pi rée
em py è me   em py reu me   em py reu ma ti que.

an en *sons égaux.*

an ca gé   en ca na illé   en cà qué   en ca ve

an che   en cé pha le   en chaî ne   en chaî né

en cha pé   en chai nu re   en chè re   en ché ri

en ché van chu re   an ché   an cheau   an crè

an cré   en crè   an cra ge   an cru re   en co che

en co lu re   en co re   en cou loi re   en cou ra gé

en cou ru   en cu vé   en dé mi que   en di ve

en du ré   an dro gi ne   an dro ï ne   an dro mè de

an dro sa cé   en fai teau   en fi la de   en fi lé   en fu mé

en ga ge   en gaî né   en ge lu re   an da ba te

an dou ille   an ge   an gé li que   an gi ne   an gu lai re

en gui chu re   an gu leu se   en gou é   en gou le

an gi o lo gie   an gi o to mie   an gle   an gleu se

an gli ca ne   en ja ve lé   en jeu   en jo li vé   en jo lé

en jo li vu re   en jou é   an ki lo se   en la ce   en la cé

en lai di   en le vé   en li gné   en lu mi né   en nu i

en lu mi nu re   enno bli   an na te   an née   an nu ai re

an no ti ne   en quê te   en ra ci né   en ra ge

en ro lé   en rou é   en rou illé   en sa blé   en sa che

an sé a ti que   en sei gne   en sei gné   en se ve li

en ta ché   en tai lle   en ta illu re   an ta na cla se

an ta che   en ta mé   en ta mu re   an ta phro di si a que

en te   en té lé chie   an ta le   an té ri eu re

an té ri o ri té   en té ri né   en té ro cè le   en tê té

an ti a ci de   en ti ché   en ti è re   an ti ci pé   an ti da te

an ti da té   an ti do te   an ti lo gie   an ti é mé ti que
an ti fé bri le   an ti moi ne   an ti mo ni a le
an ti no mie   an ti pa pe   an ti pa ra lie   an ti phra se
an ti pa ra li ti que   an ti pleu ré ti que   an ti po de
an ti po da gri que   an ti pu tri de   an ti py ré ti que
an ti py ro ti que   an to lo gie   an ti qua ille   an ti que
an ti quai re   an ti qui té   an to ra   an tre   en toi lé
en toi la ge   en tou re   en tou ré   an tro po lo gie
an tro po pha ge   en vi   en vie   en vi é   en vi sa gé
en voie   en voi lé   en voi si né   en vo le   en vo lé
ap si de   ap te   ap ti tu de.

ar. ar ba lè te   ar bi tra ge   ar bi trai re   ar bi tre
ar bi tra le   ar bi tré   ar bo re   ar bo ré   ar bre
ar bou se   ar ca ne   ar ceau   ar che   ar chée
ar ché ty pe   ar che vê ché   ar che vê que   ar chi di a cre
ar chi di a co né   ar chi du ché   ar chi prê tre
ar chi prè tré   ar chi tra ve   ar chu re   ar di è re
ar doi se   ar doi sé   ar doi si è re   ar du   ar ga neau
ar gé mo ne   ar gi le   ar gi leu se   ar gue   ar gu é
ar gy ro pée   ar me   ar ma tu re   ar mé   ar mée
ar moi re   ar moi se   ar mu re   ar pe gé   ar qué
ar que bu sa de   ar que bu se   ar que bu sé   ar tè re
ar sé ni ca le   ar té ri o lo gie   ar té ri o to mie   ar ti cle
ar ti cu lé   ar ti cu lai re   ar ti fi cé   ar ti fi çi eu se
ar ti lle rie.

as. as co ri de   as clè pi a de   as pé ri té   as pho dè le
as phy xie   as pi re   as pi ré   as pre   as tre
as té rie   as tra ga le   as tro ï te   as tro la be.

ec. ec bo li que   ec cé ho mo   ec thè se   ec thy mo se
ec ty lo ti que .   ec ty pe.

er   er go glu   er go té   er go te   er go te rie
er ma illi   er mi ta ge   er mi te.

es.   es ca beau   es ca che   es ca dre   es ca la de
es ca la dé   es ca mo té   es ca pa de   es ca pe   es clai re
es cla va ge   es cla ve   es co gri phe   es cou a de
es cri me   es cro que   es cro que rie   es cro queu se
es pa ce   es pa cé   es pa le   es pa tu le   es pè ce
es pè re   es pi è gle   es pi è gle rie   es pla na de
es qui lle   es qui ne   es qui ve   es qui vé   es ta ca de
es ta fi la de   es ta me   es tè re   es ti ma ble   es ti me
es ti mé   es ti o mè ne   es ti ve   es to ca de   es tra de
es tra pa de   es tra pa dé   es tro pie   es tro pié.

ig.   ig née   ig ni co le.

ill

ne se mouille pas dans les mots suivants :

il lé gal   il lé gi ti me   il lé gi ti mi té   il li ci te
il li mi té   il li si ble   il lu mi na ti ve   il lu mi ne
il lu mi né   il lu soi re   il lus tre   il lus tré   il ly rie
mil le   vil le   dis til le   a chil le   co di cil le   fi bril le
im bé cil le   lil le   pu pil le   sy bil le   tran quil le
vau de vil le   va cil le   i dyl le   syl la be   gil lé
sé vil le.

im

a le son d'è ouvert.

im bé cil le   im bé cil li té   im ber be   im bi be
im bi bé   im bri qué   im bu   im pair   im pal pa ble

8

im par do nna ble   im par fait   im pa tro ni sé
im pé né tra ble   im pé né tra bi li té   im pé ni ten ce
im pé ni ten te   im pé ra ti ve   im pé ra tri ce
im per cep ti ble   im per da ble   im pé ri eu se
im pé ri ssa ble   im per mé a bi li té.

in

a le son d'è ouvert.

in cal cu la ble   in can des cen ce   in can des cen te
in ca pa ble   in car cé ré   in car nat   in car né
in car ta de   in cen di ai re   in cen die   in cer tai ne
in cer ti tu de   in ci den te   in ci si ve   in ci vi le
in ci vi que   in clé men ce   in cli né   in clu se
in co er ci ble   in co gni to   in co hé ren te   in co nnu
in co mmo dé   in co mmo di té   in co rrec te
in co rri gi bi li té   in co rri gi ble   in cré di bi li té.

imm.

Faites entendre le son i à cause des deux m.

im ma cu lé   im man qua ble   im ma té ri el
im men se   im meu ble   im mi nen te   im mo bi le
im mo bi li è re im mo bi li té im mo dé ré im mo des te
im mo lé   im mo ral   im mu a ble   im mu ni té
im mu ta bi li té.

inn.

Faites entendre le son i à cause des deux nn.

i nno cent   in né   in nom bra ble   in no mé
in no ve   in no vé.

IS.   is la mis me   is ra ël   is ra é li te   his toi re

his pi de   his ti o dro mie   his to ri a le   his to ri é
his to ri o gra phe   his to ri que.

ob. ob sè de   ob sé dé   ob sè ques   ob ser ve
ob ser vé   ob ser van ce   ob ser va toi re   ob ser va tri ce
ob tem pé ré   ob te nu   ob tu se   ob tu san gle
ob vie   ob vié   ob si di o na le.

obs. obs cure   obs cu ri té   obs ta cle   obs ti né
obs true   obs tru é.

oc. oc ci dent   oc ci den tal   oc ci pi ta le   oc cis
oc ci re   oc ta è dre   oc tan te   oc tan ti è me
oc ta ve   oc to bre   oc to gé nai re   oc to go ne
oc troi   oc tu ple.

om. om bel le   om bel li fè re   om bi li ca le
om bra ge   om bra gé   om bra geu se   om bre
om bré   om pha lo cè le   om pha lo des   hom bre.

on. on cle   on ce   on de   on dé   on di ne
on ze   on zi è me   on du la toi re   on du le   on gle
on glé   hon gre   hon gre li ne   hon grie   hon te
hon teu se.

op. op ti mis me   op ti mis te   op ti que   op té
op ta ti ve   op si go ne.

or. or bi cu lai re   or di nai re   or di naud   or dre
or phe lin   or phée   or fè vre   or phie   or phi qué
or fraie   or ga neau   or ga ni que   or gueu illen se
hor lo ge   or meau   or mi lle   or tho do xe
or tho do xie   or tho dro mie   or tho gra phe

or tho gra phis te   or tho gra phié   or tho pé die.

OS. os cu la teu se   os ten si ble   . os té o co pe

os té o gra phie   hos pi ce   hos pi ta li è re . hos ti le

hos ti li té   os tra cis me   aus pi ce   aus tè re

aus té ri té   os tra ci te . os tro goth.

ti

prononcez ci.

a bba ti al   im par ti al   i ni ti al   nup ti al

am bi ti eux   cap ti eux   fa cé ti eux   fac ti eux

im pa ti ent   pa ti ent   im pa ti en ce   pa ti en ce

quo ti ent   bé o tie   mi nu tie   mi nu ti eux

i nep tie   im pé ri tie   bu reau cra tie   thé o cra tie

ab lu ti on   ab jec ti on   por ti on   par ti el

ab so lu ti on   com pa ru ti on   con sul ta ti on

con dam na ti on   a ppa ri ti on   a ccla ma ti on

a ccré tion   a ccu mu la ti on   a ccu sa ti on

a ffi li a ti on   a ffir ma ti on   a ppré ci a ti on

a ppro ba tio n   a ppro pri a ti on   a ppro xi ma ti on

a sser ti on   a ssi gna ti on   a ssi mi la ti on   cau ti on

cons ter na ti on   dé vo ti on   dis cré ti on   do na ti on

do ta ti on   o pé ra ti on   con ti nu a ti on.

Sons égaux.

ain	en	ein	in
ain si	bi en	ceint	fin
main	ri en	cein dre	lin
craint	mi en	cein tu re	pin
crain dre	ti en	seing	brin
crain te	si en	sein	clin
pain	li en	des sein	cinq
train	chi en	é teint	prin ce
sain	ti en	é tein dre	prin ci pau té
saint	a ppar ti ent	tein dre	prin ci pa le
bain	pa ï en	tein tu re	prin ci pe
grain	mu si ci en	tein tu ri er	min ce
é tain	sou ti en	feint	grin ce
de main	vau ri en	fein te	pin ce
pou lain	main ti en	fein dre	cin quan te
vi lain	vi ent	peint	che min
vain	revi ent	pein tre	rai sin
vain cre	de vi ent	pein tu re	des tin
cer tain	con vi ent	pein dre	ma tin
ro main	sur vi ent	plein	sa tin
re frain	re ti ent	se rein	se rin
gain	mé ri di en	reins	des sin
tain	plé bé i en	teint	mé de cin

ant ent *sons égaux.*

chan tant   mo ment   ai mant   pré sent   cou rant
pa rent   plai sant   ciment   mé chant   é lé ment
pe sant   é to nnant   é to nna ment   en du rant
en ten de ment   pa ti en tant   pa ti ent   con cou rant
con cu rrent   cons tant   con tent   co mmen ce ment
char mant   im men sé ment   di a mant   dé cem ment
a ni mant   ment   mer vei lleu se ment   ce pen dant
seu le ment   par de vant   tel le ment   au pa ra vant
in sen si ble ment   en fant.

ent final.

Prononcez eut.

ai ment   chan tent   cou rent   dan sent   é to nnent
fi ni ssent   gé mi ssent   ha ï ssent   ju gent   di sent
man gent   nu i sent   o ffrent   par lent   qui ttent
ren dent   sen tent   ten dent   ven dent   a dres sent
ba ttent   cher chent   do nnent   é cri vent   fa bri quent
gué ri ssent   heur tent   jet tent   lan cent   men tent
nan ti ssent   o pè rent   pen sent   que rel lent   ran gent
sem blent   trem blent   chan tent.

s entre deux voyelles

articulez z.

ai san ce   ai sé   ai sé ment   a sa ri ne   bai se
bai sé   be sa ce   be sa ci er   bi si ne   ba sa né
ba se   ba sé   bi seau   boi se   boi sé   boi se rie
boi seu se   bo san   bo sel   bou si lla ge   brai se
blai se   toi se   frai se   fu seau   fu sée   mu se.

y entre deux voyelles

vaut deux i.

royau me   moyen   voyel le   voya ge   yeux
pays   voyons   croyons   rayé   rayon   payant
rayo nnant   soyons   loyau té   frayé   ef frayé
é ta yé   ci toyen.

ois ais oit ait oient aient.

Prononcez ai.

j'ai mois	il ai moit	ils ai moient
j'ai mais	il ai mait	ils ai maient
je li sois	il li soit	ils li soient
je li sais	il li sait	ils li sai ent
je jou ois	il jou oit	ils jou oient
je jou ais	il jou ait	ils jou aient

finales mouillées.

a cceuil   é cu reuil   cer feuil   cer cueil   seuil
re cueil   é cueil   bail   tra vail   ca mail   ser rail
dé tail   deuil   fau teuil   œil   so leil   pa reil
so mmeil   ail   co rail   é mail   sou pi rail   a tti rail
ber cail   é ven tail   é pou van tail   gou ver nail
poi trail   por tail   mail.

Le double point (··) *appelé tréma fait prononcer séparément la voyelle qui le porte.*

a dé la i de   ambi gu ï té   ha ïr   na ïf   na ï ve té
mo sa ï que   fa ï en ce   ci guë   sa ül   mo ï se
é sa ü   a ï eul   ca ï ma can   la ï que   ma ïs   la ïs.

Prononciations rapides.

dieu   lieux   lieu   pieu   mieux   vieux   lieues

es sieu   cu rieux   pied   piè ce   pier re   biè re

biè vre   briè vé   piè tre   fiè vre   liè vre   fier

tien - ci er ge   tiè de   liè ge   piè ge   siè ge hier

fiel   ciel   miel   es sen tiel   ma tiè re   der niè re

pre miè re   der riè re   es piè gle ,   moi tié   bien

a mi tié   mien   sien   lien   rien   chien   lui : puis

puits   maid   cuit   buis   fuit   a ppui   de puis

con duit   ré duit   pro duit   sé duit   sui vre   cui re.

dans air eur ir ur our oir

qui terminent un mot, r se prononce.

chair   clair   é clair   pair   impair   air ar deur

bon heur   cou reur   dan seur   er reur : jou ir

fi nir   ve nir   dé sir   plai sir   dor mir   a zur dur

fu tur   mur   im pur   obs cur   con tour. cœur

dé tour   four   jour   a tour   mi roir   fou loir

comp toir   ti roir   cou loir.

ill

*ne fait point d'effet sur l'a qui le précède, il ne sert
qu'à faire entendre le mouillé ; a conserve le son
qui lui est naturel.*

a illeurs   ra illeur   ta illeur   dé tail   é mail

tra vail   co rail   ca mail   éven tail.

ill

fait prononcer fermé ou ouvert l'e qui le précède.

o rei lle   trei lle   vei lle   con sei lle   mer vei lle

pa rei lle   vei llé   con sei llé   a ppa rei llé.

s final

n'accentue e que dans les mots suivants :

mes tes ses des les ces.

c muet

e muet

suivi d'une consonne avec laquelle il se combine se prononce comme s'il était accentué; exceptez seulement s final qui n'accentue que les mots ci-dessus.

bec   sec   cher   fer me   perd   mu et   sou fflet
gi bet   ter re   er reur   es poir   est   et, es ca mo teur
bel le   ré el le   fleg ma ti que   fleg ma go gue   ef fort
ef fet   ef froi   ec clé si as ti que   sept.

x entre deux voyelles

s'articule comme les deux consonnes qu, et s ou z, et accentue l'e qui le précède; ce qui a empéché de le séparer entre deux voyelles quoiqu'elles forment deux syllabes. Il faut faire remarquer à l'élève que x s'articule d'abord du gosier comme qu, dès qu'il a fait entendre la voyelle qui le précède, et ensuite comme s ou z suivant la prononciation du mot.

exact   exac te ment   exac tion   exac ti tu de
exa gé ré   sexa gé nai re   exa men   dex té ri té
flexi ble   gex   lexi que   mexi que   exau cé
exhi bé   exhor té   exhor ta tion   exhu mé
exhu ma tion.

r final

ne s'articule pas à la fin des mots terminés en er; il ne sert qu'à donner à l'e qui le précède le son d'é fermé. Exceptez les mots cités à la finale er, et le cas où le mot qui suit commence par une voyelle.

a bai sser   a ban do nner   a bo nner   ba bi ller
bar bou iller   ba ta iller   bi jou tier   cau to nuer
ca len dri er   chan so nner   dan ger   dur der   dé ba cler

9

dé bau cher   é cha fau der   é cha pper   é chau ffer
fa ï en cier   fa mi lier   fer mier   fi guier.

Nota. Lorsque on présente à l'élève une syllabe qui contient deux sons comme la dernière syllabe de figuier, il faut la lui faire remarquer et lui dire qu'il doit faire entendre distinctement les deux sons, pour si rapidement qu'il prononce : ainsi fi gui er.

Il y a tant de consonnes dont l'articulation est inutile, qu'il est essentiel de prévenir l'élève lorsque une consonne doit être articulée dans l'intérieur ou à la fin d'un mot ; il suffira de lui dire d'articuler telle consonne, lorsqu'il ne l'aura pas articulée, et il se redressera de lui-même sans qu'on ait besoin de lui répéter le mot.

S

s'articule fortement dans les mots suivants :

ins cri ption   ins ci em ment   ins cri re   ins cu
ins cru ta ble   ins pec ter   ins pec tion   ins tinct
ins fa bi li té   ins ta mment   ins tan ta né i té
ins tant   ins ti tuer   ins ti tu teur   ins truc teur
ins truc tif   ins truc tion   ins truit   ins tru ment
ins tru men tal   ins ti ga ti on.

cons pi ra tion   cons ta mment   cons tan ce
cons tan ti no ple   cons ta ter   cons tel la tion
cons ter na tion   cons ti pa tion   cons ti tu tion
cons truc tion.

h aspirée.

il a ha blé   ha ble rie   un ha bleur   la ha che

il faut ha cher   un ha che reau   u ne ha chè te
le ha chis,   sur le ha choir ., les yeux ha gards
je le hais, la haie des ha illons   il est hai neux
le hai naut .: la hai ne   . vous ê tes ha ï ssa ble
le ha la ge, un hal bran · le hâ le   il est hâ lé
tout ha le tant , ⁻ . la halle   · la ha lle bar de
le ha llier · , le ha loir   le ha mac · le ha meau
la ham pe   la han che , le han gard , le ha nne ton
ne le han tez pas ., u ne ha ppe lour de   la ha que née
le ha que tier   · la ha ran gue · ., le ha ras   ou
le har cè le   des har des   il est har di, des ha rengs
le tems de la ha ren gai son   u ne ha ren gè re
il est har gneux   des ha ri cots   u ne ha ri del le
il faut ' har na cher le cheval ·⁻ fai re   ha ro
le har pa iller   u ne har pe   il est har pé   un che val
qui har pe   u ne har pie · un har pon ' la hart
le hu sard ″ u ne ha se · à la hâ te   se hâ ter
un hâ tier   fruit hâ tif   les hau bans · il est hâ ve
le ha vet   le hâ vre,   dans , le hâ vre-sac
u ne hau sse   c'est très-haut · il est hau tain · jou er
du haut-bois   vai sseau de haut-bord   sa hau tes se
de sa hau teur   pour m'a ppe ler il fit hem   les
che vaux hen ni ssent le hé rault   un pau vre hè re
il se hé ri ssa   un hé ri sson   u ne her nie
un hé ron   le hé ros   la her se   à l'om bre
d'un hê tre   je me suis heur té   le hi bou   il
est hi deux   u ne hie   la hi e rar chie il faut hi sser
les voi les   le ho be reau   un ho chet un ho che pot

dès che vaux hon gres   il fut hon ni'   il se cou vrit
de hon te. le ho quet   le ho que ton · de hors il
por tait u ne bo tte   du hou blon   u ne boue
la hou ille la hou let te   la hou le u ne hou ppe
des hou ris   il a été hous pi llé '   u ne hou sse
des hou sards le hou ssa ge u ne hou ssi ne le hoyau
dans la hu che ' il fut cou vert de hu ées   il fut
le hui tiè me   il mon ta sur le hu'nier   cet oi seau
est bu ppé ·   ce san glier a u ne bel le hu re
le hur le ment du loup .   ils de meu raient dans
des hu ttes   j'ai vu un chat-hu ant.

On fera lire à l'élève les homonymes que j'ai cru
devoir placer après cette leçon, pensant qu'il les lirait
plus facilement que le traité d'orthographe qu'on lui
fera lire après les homonymes. Les maîtres ne se
presseront pas à faire lier les mots entre eux ; mais
ils attendront que l'élève commence à lire couramment ;
peu de leçons suffiront alors pour lui faire exécuter
ces liaisons ; tandis que, en le lui faisant faire trop
tôt, c'est une difficulté qui l'entrave ; j'en ai fait
l'expérience.

HOMONYMES.

COMPARAISON ORTHOGRAPHIQUE.

a, *du verbe avoir* ; à, *préposition* ; ah , *exclamation de joie ou de douleur* ; ha , *exclamation de surprise.*

Nous devons tous à Dieu notre premier hommage.
Il *a* lui seul des droits à l'adoration.
Ah ! qu'on est insensé, lorsqu'on attend l'orage,
Pour recourir *à* sa protection.

Abaisse, *du verbe abaisser*, ou *fonds de la pâte de pâtisserie* ; abbesse, *supérieure d'un couvent de filles.*

Rien n'*abaisse* le ton d'une religieuse,
Comme l'autorité d'une *abesse* orgueilleuse.

Abée, *ouverture par où passe l'eau qui fait moudre un moulin* ; Abbé, *ecclésiastique.*

Ache , *herbe* ; hache, *instrument tranchant,*
Hache se reconnaît à l'*h* aspirée.

Aile *d'oiseau* ; elle *pronom féminin.*
Sur les *ailes* du temps la jeunesse s'enfuit ;
Elle n'est déjà plus, le regret seul la suit.

Aine, *jointure du ventre et des cuisses* ; aisne, *rivière* ; haine, *inimitié.*

Malgré ma *haine* pour l'eau,
N'ayant pas trouvé de bateau,
Je fus obligé de passer l'*aisne*,
Avec de l'eau jusques à l'*aine.*
Haine se reconnaît à l'*h* aspirée.

Alène, *outil de cordonnier* ; haleine, *respiration.*
Le cordonnier voisin en poussant son *alène* ,
Chante avec tant d'ardeur qu'il en perd presque *haleine.*

Alais, *ville* ; aller, *verbe marcher* ; hâler *action*

du hâle ; haier *tirer*, ou *exciter les chiens*, ou terme de marine.

A lais, se reconnaît au son de l'*è* ouvert et *hâler* à l'*h* aspirée.

Allier, *mêler verbe* ; hallier, *buisson*.

   N'allez pas *allier* la rose et le *hallier* ;
   Chaque chose à sa place, et chacun son métier.

Hallier se reconnaît à l'*h* aspirée et à *i* qui est bref ; tandis qu'il est long dans *allier*.

Amande, *fruit* ; amende *peine pécuniaire*.

   Il fut condamné à une *amende*
   Pour avoir mangé des *amandes*.

Anche, *d'instrument à vent* ; hanche, *partie du corps*.

   Hanche se reconnaît à l'*h* aspirée.

Appas, *charmes* ; appât, *amorce*.

   Belle Louise, tes *appas*
   Sont pour nous un puissant *appât*.

Après, *préposition* ; apprets, *préparatifs*.

   Après la fête, des *apprets !*
   C'est faire d'inutiles *fraix*.

Art, *adresse* ; hart, *corde, lien*.

   Malgré son *art* à se défendre
   Au bout d'une *hart* on le vit pendre.

Hart se reconnaît à l'*h* aspirée.

Auspices, *présage* ; hospice, *hôpital*.

Ne sont pas nés sous d'heureux *auspices*
Ceux qui traînent leurs jours dans le fonds des *hospices*.

Autan, *vent du midi* ; autant, *adverbe*.

   Qu'il fasse sombre ou clair il se moque du temps ;
   Il aime *autant* la pluie que les *autans*.

Autel *d'église*; hôtel, *palais ou auberge.*

> Dans son *hôtel* ce prince a fait construire
> Un superbe *autel* de porphyre.

Auteur, *écrivain*; hauteur, *élevation.*

C'est en vain qu'au Parnasse un téméraire *auteur*
Pense de l'art des vers atteindre la *hauteur.*

> *Hauteur* se reconnaît à l'*h* aspirée.

Avant, *préposition*; avent, *temps qui précède la noël.*

> *Avant* de terminer ce brillant mariage
> Laissons passer l'*avent*, comme le veut l'usage.

Baigner, *mettre dans un bain*; beignet *friture.*

Si j'aime à me *baigner* dans la belle saison ;
J'aime aussi les *beignets*, surtout quand ils sont bons.

Balai, *pour balayer*; balais, *couleur de rubis;*
ballet, *danse.*

> Il s'arme d'un *balai*, disant à l'assemblée :
> Commençons le *ballet*, voici le coryphée.

Il avait à son doigt un beau rubis *balais.*

Ban, *exil*; banc, *siège.*

Placé sur un vieux *banc*, il entend sans pâlir
La sentence du *ban* dont on veut le flétrir.

Bas. *qui n'est pas élevé*; bat, *de battre verbe;*
bât, *espèce de selle.*

> Cet homme *bat* son âne, et ne s'apperçoit pas
> Que le pauvre animal porte son *bât* trop *bas.*

Beauté, *l'opposé de laideur*; botté, *en bottes.*

> En habit de parade éperonné, *botté*,
> Il alla rendre hommage à sa rare beauté.

Bête, *animal*; bette, *plante.*

Blême, *pâle*; bleime, *maladie des chevaux.*

Beaune, *ville* ; bonne, *féminin de bon.*

D'où êtes-vous, Monsieur ? A *Beaune* je demeure.

Y serai-je bientôt? Oui, dans une *bonne* heure.

Beauce, *province* ; bosse, *grosseur.*

Boue, *fange* ; bout, *extrémité.*

Si vous prenez ce chemin plein de *boue,*

Vous aurez de la peine à parvenir au *bout.*

Brocard, *étoffe* ; broquart, *bête fauve d'un an.*

Ça, *adverbe* ; sa, *adjectif* ; sas, *tamis de crin.*

Cahos, *confusion* ; cahot, *choc d'une voiture.*

Nous étions dans un tel *cahos.*

Que le *cahot* de la voiture me rompit les os.

Calais, *ville* ; caler, *baisser les voiles ou assurer une table.*

Quoique poussés par un vent frais,

Il nous fallut *caler* et entrer à *Calais.*

Calais se reconnaît au son de l'è ouvert.

Car, *conjonction* ; quart, *quatrième partie.*

Un *quart* de pain par jour peut suffire aux anglais ;

Car la viande a pour eux mille fois plus d'attraits.

Canaux, *pluriel de canal* ; canot, *petit bateau.*

Au moyen des *canaux*, sans qu'il en coûte cher ;

On peut dans des *canots* aboutir aux deux mers.

Ce, *adjectif* ; ceux, *pronom* ; se, *pronom personnel.*

Ceux, qui se tromperont auront le temps d'apprendre

Que *ce* n'est pas ici que l'on doit *se* reprendre.

Celer, *cacher* ; sceller, *cacheter* ; seller, *mettre une selle.*

Censé, *estimé* ; sensé, *qui a du bon sens.*

Centaine, *nombre de cent* ; sentène, *bout d'un écheveau.*

Une *centaine* d'écheveaux sans *sentène*

Doivent au tisserand donner beaucoup de peine.

Cep

Cep, *de vigne* ; cet, *pronom* ; ceps, *entraves* ; sept, *nombre.*

Cerf, *animal* ; serf, *esclave.*

A la chasse du *cerf* les seigneurs d'autrefois
Faisaient suivre leurs *serfs* dans les champs, dans les bois.

Cession, *transport, action de céder* ; session, *durée d'une assemblée.*

Cha, *étoffe* ; chas, *trou d'une aiguille* ; chat, *animal.*

Chair, *viande* ; cher, *aimé, ou à haut prix.*

   Manger *chair* en carême
   Est un peché bien *cher* ; on encourt l'anathème.

Chaire, *à prêcher* ; chère, *régal, ou féminin de cher.*

   C'était sa passion la plus *chère*
   De faire remarquer son éloquence en *chaire.*

Champ, *pièce de terre* ; chant, *action de chanter.*

Heureux le laboureur, qui, sillonnant son *champ,*
Réjouit son travail par son rustique *chant!*

Chaud, *qui n'est pas froid* ; chaux, *pierre calcinée.*

Chaumer, *ramasser du chaume* ; chômer, *faire fête, ne pas travailler.*

Chaîne, *lien composé d'anneaux* ; chêne, *arbre.*

   C'est au pied de ce *chêne*
   Qu'il était retenu par une grosse *chaîne.*

Cil ; *poil des sourcils* ; sil, *terre dont les anciens faisaient des couleurs jaunes et rouges.*

Cilice, *tissu de crin* ; silice, *sorte de terre.*

Ciller, *mouvement des paupières* ; siller, *marche d'un vaisseau* ; sillet, *morceau d'ivoire au bout d'un instrument à cordes.*

Site, *situation d'un lieu* ; cite, *de citer verbe.*

   Il *cite* dans ses vers ce *site*-charmant.

Clair, *de clarté.*; clerc, *d'église.*

Par un beau *clair* de lune un soir on l'enterra,
Le *clerc* et le curé chantaient le libera.

Clause, *stipulation d'un contrat*; close, *fermée.*

La principale *clause*
Fut que sa porte serait *close.*

Clef, *d'une serrure* ; claie, *ouvrage d'osier.*

Clin, *mouvement rapide de l'œil*; clain, *biseau d'une douve.*

Cœur, *partie du corps* ; chœur, *morceau de musique à plusieurs voix, ou partie d'une église.*

Ah! qu'il est beau ce *chœur* que nous venons d'entendre;
Vous le savez par *cœur?* Veuillez bien nous l'apprendre.

Coi, *tranquille* ; quoi, *pronom.*

Coin, *angle*; coing, *fruit.*
J'aime l'odeur du *coing*, mettez-en sur les *coins* de la cheminée.

Comte, *dignité*; compte, *calcul* ; conte, *récit.*

Comptant, *argent*; content, *satisfait.*
L'argent *comptant* chez l'homme est le premier mobile;
Il n'est jamais *content*, eût-il mille sur mille.

Côte, *partie du corps*; côte, *rivage*; cotte, *d'armes*; quote-part, *écot.*

Cou, *partie du corps*; coup, *choc*; coud, *de coudre verbe* ; coût, *prix d'une chose.*

Cor, *durillon aux pieds, ou instrument de musique*; corps, *substance étendue et impénétrable* ; cors, *cornes qui sortent des perches d'un cerf.*

Au son bruyant du *cor* le cerf s'élance et fuit,
S'embarrasse les *cors*, et se trouve réduit
A souffrir, sur son *corps* des morsures cruelles.

Cour, *d'une maison, ou résidence d'un Roi ;* court, *opposé à long ;* cours, *traité, mouvement des astres, ou du verbe courir.*

Sous le chaume, à la *cour,* chacun suit son destin ;
Le fleuve suit son *cours,* et tout *court* à sa fin.

Crie, *de crier ;* cri, *voix haute ;* cric, *instrument pour lever des fardeaux.*

Crier, *verbe ;* criée, *vente de biens en justice.*

Craint, *de craindre ;* crin, *poil rude.*
                Si tu *crains* à cheval,
            Saisis le *crin* de l'animal.

Crois, *de croire ;* croix, *croisé.*

Je *crois* que Jésus est mort pour nous sur la *croix.*

Cru, *de croître ;* cru, *l'opposé de cuit, ou de croire.*
            Monsieur le médecin, si je vous eusse *cru*
            Je n'aurais pas mangé ce céléri tout *cru.*

Dam, *peine des damnés ;* dans, *préposition ;* dent *partie de la bouche.*

        Dans les enfers les plus affreux tourments
        Sont la peine du *dam,* le grincement des *dents.*

Danse, *amusement ;* dense, *épais.*

Date, *époque ;* datte, *fruit du palmier.*

Dé, *à jouer ;* dès, *préposition ;* des, *particule ;* dais, poêle.

Décent, *honnête ;* descend, *de descendre.*
            On l'appelle, il *descend*
            Dans un état très-peu *décent.*

Dégoûter, *donner du dégoût ;* dégoutter, *couler goutte à goutte.*

Dessein, *projet ;* dessin *de dessiner.*
        Il conçut le *dessein* de peindre ce tableau,
        Dont le *dessin* était si beau.

Différend, *contestation*; différent, *opposé.*

    Puisque nous nous trouvons si *différents d'avis*,
    Sur notre *différend* consultons nos amis.

Dis, *de dire*; dix, *nombre.*

Doigt, *partie de la main*; doit, *de devoir.*

Quand on craint le *doigt* de Dieu,
On *doit* se bien conduire, en tout temps, en tout lieu.

    Don, *présent*; donc, *conjonction*; dont, *pronom.*

La sagesse est un *don*, *dont* les Dieux sont avares;
Il faut pour l'obtenir pratiquer la vertu.
Soyons *donc* vertueux......

    Dos, *partie du corps*; dot, *apanage d'une femme.*

Elle avait sur son *dos* une bosse si grosse
Qu'on eût dit qu'elle avait sa *dot* dans cette bosse.

    Du, *particule*; dû, *de devoir.*

    Cette nouvelle a *dû* vous causer *du* plaisir.

Es, *d'être*; ais, *planche*; haie, *clôture*; hais, *de
haïr*; eh, *exclamation de surprise*; hé, *appel*; et,
conjonction.

    Haie, et hais se reconnaissent à l'*h* aspirée.

    Echo, *renvoi du son*; écot, *quote-part.*

    Écimer, *couper la cime des arbres*; essimer, *faire
maigrir un oiseau pour qu'il vole mieux.*

    Emploi, *fonction*; emploie, *d'employer.*

On *emploie* souvent des hommes incapables de
        l'*emploi* qu'on leur confie.

    Enée, *prince troyen*; aîné, *premier né.*

Enée, fuyant de Troie, tenait son fils *aîné* par la main.

    Enter, *greffer*; hanter, *fréquenter.*

Qui *hante* des vauriens, *s'ente* sur leurs mauvaises
    qualités.

    Hanter, se reconnaît à l'*h* aspirée.

Envie, *désir, ou déplaisir du bien d'autrui ;* envi, *adverbe.*

> Tourmentés par l'envie,
> Ils semaient à l'*envi* la noire calomnie.

Envoi, *chose envoyée ;* envoie, *d'envoyer.*

> Je vous *envoie* le montant de votre *envoi.*

Est, *d'être ;* ait, *d'avoir.*

Il *est* bien content que son père *ait* acheté ce bien-fonds.

Étang, *ramas d'eau ;* étant, *d'être.*

> M'*étant* promené sur le bord de cet *étang.*

Étain, *métal ;* étaim, *partie la plus fine de la laine, ou terme de marine ;* éteint, *d'éteindre.*

Été, *du verbe être,* ou *saison chaude ;* étai, *terme de marine, grosse corde ;* étaie, *d'étayer, ou pièce de bois pour étayer.*

Exaucer, *accorder ;* exhausser, *élever.*

Face, *visage , ou état des affaires ;* fasse, *de faire.*

> Dieu *fasse !*
> Que sa maison change bientôt de *face.*

Faire, *agir ;* La-Fère, *ville.*

> Qu'alliez-vous *faire* à *La-Fère ?*

Faim, *appétit ;* feint, *de feindre ;* fin, *terme, ou délié, rusé.*

L'estomac ne *feint* point lorsque la *faim* le presse.
Fin contre *fin* ne peut user d'adresse.

Fait, *de faire ;* faits, *actions ;* faix, *fardeau ;* fée, *sorcière, être imaginaire.*

> Il a renouvelé pour nous le temps des *fées ;*
> Et possédant lui seul toutes les renommées,
> Il tombe sous le *faix* de ses *faits* glorieux,
> Et va finir ses jours sur un rocher affreux.

Fausse, *féminin de faux* ; fosse, *creux.*

 La prévoyance de l'homme est si *fausse*
 Qu'il se croit immortel même au bord de la *fosse.*

Faut, *de falloir* ; faux, *l'opposé de vrai, ou instrument d'agriculture* ; fô, *divinité des Chinois.*

Fête, *réjouissance ;* faîte, *sommet* ; faite, *de faire.*

 Vous lui *faites* envain toute sorte d'honneurs,
 Mais il n'est point de *fête* au *faîte* des grandeurs.

Foi, *croyance* ; foie, *partie du corps* ; fois, *nombre ;* foix, *ville.*

Fond, *de fondre* ; fonds, *somme d'argent ;* font, *de faire* ; fonts *baptismaux.*

Forêt, *lieu planté d'arbres ;* forez, *province.*

Fourni, *du verbe fournir* ; fournil, *lieu où le boulanger pétrit.*

Frai, *action de frayer* ; frais, *dépense* ; frais, *de fraîcheur* ; fret *louage d'un bâtiment.*

Fut, *du verbe être* ; fût, *bois d'un fusil, d'une futaille, ou partie d'une colonne.*

Gai, *joyeux* ; guet, *troupe de soldats ;* gué, *passage d'une rivière.*

Gale, *maladie ;* galle, *noix pour la teinture.*

Gand, *ville ;* gant, *enveloppe des mains.*

 Il faudrait être bien puissant,
 Pour mettre *Gand* dans son *gant.*

Gaude, *plante* ; gode, *poisson.*

Gêne, *peine* ; Gênes, *ville.*

Gens, *personnes* ; Jean, *nom d'homme.*

 Jean n'est plus au nombre de ses *gens.*

Goutte, *maladie ;* goutte, *petite quantité d'un liquide.*

 J'aimerais autant n'y voir *goutte*
 Que d'être atteint de la *goutte.*

Grammaire, *traité des langues ;* grand'mère, *aïeule.*

Grâce, *faveur;* Grasse, *ville.*

Gré, *volontiers ;* grès, *pierre.*

Hâle, *air brûlant;* halle, *place du marché.*

Héraut, *qui publie ;* hérault, *rivière ;* héros, *guerrier.*

Le *héros* et le *héraut* se reconnaissent à l'*h* aspirée.

Hère, *terme de mépris ;* haire, *chemise de crin;* aire, *sol pour le blé ;* ère, *époque d'où l'on commence à compter les années.*

Homme, *animal raisonnable ;* heaume, *ancien casque.*

Hère , *haire* et *héaume* , se reconnaissent à l'*h* aspirée.

Hure, *tête de sanglier ;* eure, *rivière.*

Le sanglier trop pressé vint se jeter dans l'*eure;*
Mais il y fut atteint et blessé sous la *hure.*

> *Hure* se reconnaît à l'*h* aspirée.

Je, *pronom ;* Jeu, *action de jouer.*

> *Je* vous l'ai toujours dit,
> La passion du *jeu* nuit à votre crédit.

Jeune, *qui n'est pas vieux;* jeûne, *abstinence.*

Un *jeûne* commandé doit être nécessaire;
Mais *jeûner* à votre âge est vraiment téméraire,

> Car vous n'êtes plus *jeune.*

Jouer, *s'amuser;* jouet, *amusement.*

Nous avons des *jouets,* et pour chaque saison;
Enfants, adolescents, en âge de raison,

> Nous aimons à *jouer.*

La, *article ;* là, *adverbe;* las, *fatigué.*

Lai, *laïque ;* laie, *femelle du sanglier;* laid , *difforme;* lait, *des femelles ;* lé, *largeur d'une étoffe.*

Laon, *ville ;* lent, *tardif.*

Laiche, *herbe;* lèche, *du verbe lécher, ou tranche fort mince de quelque chose à manger.*

Lieu, *endroit*; lieue, *distance mesurée*.

Le *lieu* de ma résidence n'est qu'à une *lieue* d'ici.

Lire, *verbe*; lyre, *instrument de musique*.

Il faut bien *lire* la musique pour jouer de la *lyre*.

Lion, *animal*; lyon, *ville*.

Lis, *fleur*; lit, *à coucher*; lie, *marc, ou de lier*.

Le Roi tint son *lit* de justice sur un trône couvert
de fleurs de *lis* d'or.

Lut, *mastic, ou de lire*; luth, *instrument de musique*.

Lute, *de luter*; lutte, *espèce de combat, ou du
verbe lutter*.

Ma, *adjectif féminin*; mât *d'un navire*.

Mai, *nom d'un mois*; mais, *conjonction*; mes,
pronom; mets, *ragoût*; metz, *ville*.

Main, *partie du corps*; maint, *certain*.

Quand *maint* fourbe effronté me présente la *main*,
Je retire aussitôt la mienne avec dédain.

Maître, *celui qui commande*; mêtre, *mesure*.

Mâle, *l'opposé de femelle*; malle, *espèce de coffre*.

Mante, *voile de deuil*; mente, *de mentir*; menthe,
herbe.

Matin, *partie du jour*; mâtin, *gros chien*.

Maux, *pluriel de mal*; meaux, *ville*; mot, *parole*.

En un *mot* c'est demain que je me rends à *meaux*,
Où j'espère trouver un remède à mes *maux*.

Métal, *corps minéral*; métail, *matière dans laquelle
il entre des métaux*.

Ments, *de mentir*; le Mans, *ville*.

Mère, *femme*; maire, *administrateur*.

Cette *mère* désolée fut se présenter au *maire* avec
ses enfants.

Mi,

Mi, *note de musique* ; mie, *partie du pain* ; mis, *de mettre.*

Môle, *jetée de pierres dans la mer* ; molle, *féminin de mou.*

Mon, *pronom* ; mont, *montagne.*

Mords, *de mordre* ; mors, *partie d'une bride* ; mort, *fin de la vie* ; Saint-Maur, *ville.*

Mou, *l'opposé de dur* ; moud, *de moudre* ; moue, *grimace* ; moût, *jus de raisin.*

Mur, *muraille* ; mûr, *en maturité.*

Les fruits des arbres appliqués aux *murs* sont plutôt *mûrs.*

Né, *de naître* ; net, *propre* ; nez, *partie du visage.*

Ni, *particule négative* ; nie, *de nier* ; nid *d'oiseau.*

Niais, *simple* ; nier, *verbe.*

Nichée, *petits d'un nid* ; nicher, *faire son nid* ; nichet, *œuf qu'on met dans un nid.*

Non, *particule négative* ; nom, *mot qui sert à désigner les personnes et les choses.*

Voudriez-vous bien, Monsieur, nous dire votre *nom* ?

Avec plaisir ; eh pourquoi *non* ?

None, *heures canoniales* ; nonne, *religieuse.*

Noue, *sorte de tuile, ou du verbe nouer* ; nous, *pronom.*

O, *particule du vocatif* ; oh, *interjection* ; eau, *élément* ; au, *article* ; haut, *élevé.*

O mon ami, *oh* l'affreuse nouvelle !

Léandre a péri dans l'eau ;

Et la sensible héro,

Du *haut* de ce rocher en se jetant dans l'onde,

De sa fidélité donne une preuve *au* monde.

11

Ombre, *obscurité ;* hombre, *espèce de jeu aux cartes.*

Or *métal ;* hors, *préposition ;* ort, *brut.*

Ote, *d'ôter ;* hôte, *cabaretier ;* haute, *élevée ;* hotte, *panier d'osier.*

Haute et hotte se reconnaissent à l'*h* aspirée.

Ou, *conjonction ;* où, *adverbe ;* houe, *instrument d'agriculture.*

Oui, *affirmation ;* ouïe, *un des cinq sens.*

Pair, *égal ;* perd, *de perdre.*

Paire, *couple ;* père, *chef d'une famille.*

Palais, *édifice, ou partie de la bouche ;* palet, *pour jouer.*

Pan, *mesure, ou Dieu des bergers ;* paon, *oiseau ;*

Panser, *une blessure ;* penser, *songer à, réfléchir.* Au lieu de *penser* à faire *panser* sa blessure.

Par, *préposition ;* part, *portion.*

La troisième *part* m'appartient par le droit du plus fort.

Parant, *de parer ;* parent, *de la même famille.*

Parti, *de partir ;* partie, *portion.*

Pâte, *farine détrempée ;* patte *d'animal.*

Pau, *ville ;* peau, *du corps ;* Pô, *fleuve ;* pot, *vase de terre.*

Pause, *repos ;* pose, *de poser.* Il *pose* son instrument ayant des *pauses* à compter.

Pécher, *faire une faute ;* pêcher, *prendre du poisson, ou arbre.*

Puisque c'est *pécher* que manger de la viande en carême, il faut *pêcher* pour avoir du *poisson.*

Peine, *affliction, fatigue ;* pêne, *partie d'une serrure.*

Peint, *de peindre ;* pain, *nourriture ;* pin, *arbre.*

Perce, *de percer ;* Perse, *royaume.*

Pilau, *ragoût de riz ;* pilot, *tas de sel.*

Pinçons, *de pincer ;* pinson, *oiseau.*

Plain, *uni*; plaint *de plaindre*; plein, *rempli.*

Le chemin du Ciel est *plain* pour celui qui est *plein* de l'esprit de Dieu, et qui ne se *plaint* jamais des afflictions que Dieu lui envoie.

Plaine, *rase campagne*; pleine, *féminin de plein.*

Plan, *dessin*; plant, *de vigne.*

Plu, *de pleuvoir et de plaire*; plus, *adverbe.*

Pois, *légume*; poids, *à peser*; poix, *substance résineuse.*

Poing, *partie du corps*; point, *particule négative.*

Pond, *de pondre*; pont, *pour passer une rivière.*

Porc, *cochon*; port, *de mer.*

Il est entré dans notre *port* un bateau de *porc* salé.

Pou, *vermine*; pouls, *mouvement des artères.*

Pouce, *gros doigt*; pousse, *de pousser*, ou *jet d'un arbre.*

Cet arbre a fait une *pousse* de la grosseur du *pouce.*

Pré, *prairie*; près, *proche*; pret, *disposé, préparé.*

Prêteur, *celui qui prête*; préteur, *magistrat chez les Romains.*

A Rome le *préteur*, qui rendait la justice,
Du *préteur* usurier condamnait l'avarice.

Prie, *de prier*; pris, *de prendre*; prix, *valeur.*

Celui qui *prie*, et qui ne met à ses prières d'autre *prix* que l'amour de Dieu, a *pris* le bon chemin.

Pû, *de pouvoir*; pue, *de puer.*

Puis *de pouvoir, ou adverbe*; puits, *d'où l'on puise de l'eau.*

Je ne *puis* vous aider à remonter du *puits.*

Quand, *adverbe*; quant, *conjonction*; Caen, *ville*; kan, *chef des tartares*; camp, *d'une armée.*

Que, *pronom*; queue, *d'un animal.*

Race, *origine*; rasse, *panier d'ouvrier en fer.*

Raie, *trait,* ou *poisson;* rais, *de raire, ou rayon d'une roue;* ré, *note de musique;* rez, *niveau du terrain;* Rhé, *île.*

Reinette, *espèce de pomme;* rénette, *outil de maréchal ferrant.*

Raine, *espèce de grenouille;* Reine, *femme d'un Roi;* rêne, *courroie;* renne, *animal;* Rennes, *ville.*

Raisonner, *discourir;* résonner, *rendre un son.*

   On l'entendit mal *raisonner;*
   Mais sa belle voix mâle,
   Fit bien *résonner* la salle.

Rang, *place;* rend, *de rendre.*

On lui *rend* les honneurs dus à son *rang* suprême.

Reins, *partie du corps;* Rhin, *fleuve;* Reims, *ville.*

Renvoi, *chose renvoyée;* renvoie, *de renvoyer.*

Repaire, *retraite;* repère, *marque aux pièces d'assemblage.*

Repend, *de rependre;* repent, *de repentir.*

Ris, *de rire, terme de marine, partie du veau;* riz, *grain.*

Rouan, *cheval dont le poil est mêlé de gris, de blanc et de bai;* Rouen, *ville.*

Roue, *partie d'une charrette;* Roux, *couleur.*

Rouer, *fatiguer, ou battre excessivement;* Rouet, *tour à filer.*

Sais, *de savoir;* ses, *adjectif pronominal;* ces, *adjectif.*

Je *sais* que *ses* enfants ont pris *ces* livres.

Sale, *mal-propre;* salle, *pièce d'une maison.*

Saule, *arbre;* sole, *poisson, le dessous du pied d'un animal, ou certaine étendue de terre.*

Saut, *action de sauter* ; sot, *ignorant* ; sceau, *cachet* ; seau, *pour puiser de l'eau.*

Saute, *de sauter* ; sotte, *féminin de sot.*

> Qu'elle est gauche, et qu'elle est *sotte !*
> Pour danser, comme elle *saute !*

Séant, *décent* ; céans, *adverbe.*

Sein, *partie du corps* ; seing, *signature* ; sain, *en santé* ; saint *bienheureux* ; ceint, *d'une ceinture* ; cinq, *nombre.*

Seine, *rivière* ; Senne, *rivière* ; scène, *fragment d'une comédie* ; saine, *en santé* ; cène, *repas du soir.*

Selle *de cheval* ; celle, *pronom.*

Sellier, *ouvrier qui fait des selles* ; cellier, *rez-de-chaussée où on loge les tonneaux du vin.*

> Je viens de louer au *sellier*
> La pièce où j'avais mon *cellier.*

Sens, *de sentir, ou ville* ; sans, *préposition* ; sang, *qui coule dans les veines*, cent, *nombre* ; cens, *redevance.*

Serein, *temps clair* ; serin, *oiseau.*

Si, *conjonction* ; scie, *lame de fer dentelée* ; ci, *particule.*

Scion, *rejeton d'un arbre* ; sion, *montagne.*

Sire, *titre* ; cire, *produit des abeilles.*

> C'est en effet un beau *sire,*
> Pour avoir son portrait en *cire.*

Sirène, *poisson fabuleux* ; Cyrène, *ville.*

Soi, *pronom* ; soie, *produit des vers à soie* ; soit, *du verbe être.*

Somme, *d'argent* ; sommes, *d'être* ; pseaume, *cantique d'Eglise.*

Sommer, *verbe* ; sommet, *cime d'une montagne.*

Son, *bruit*; sont, *du verbe être.*

C'est par le *son* de la cloche que les fidèles *sont* appelés au service divin.

Sonner, *rendre un son*; sonnet, *pièce de vers*; sonnez, *terme de trictrac.*

    L'un peut *sonner* de la trompette,
    L'autre réciter un *sonnet* ;
    Mais pour moi c'est un jour de fête,
    Quand j'amène au trictrac *sonnez.*

Sort *destinée* ; saur, *espèce de hareng,.*

    Tel est l'effet du sort,
L'un mange une bécasse et l'autre un hareng *saur.*

Sou, *monnaie* ; soûl, *rassasié* ; sous, *préposition.*

    Sous cet habit et sans le *sou,*
    Il trouvait à manger son *soûl.*

Souci, *inquiétude* ou *fleur*; soucie, *de se soucier*; souci, *étoffe de soie.*

Suie, *matière noire des cheminées ;* suis, *d'être.*

Sur, *préposition* ; sûr, *certain.*

J'étais bien *sûr* qu'il ne pourrait pas me répondre
    sur cette question.

Ta , *adjectif pronominal* ; tas , *monceau.*

Pour exercer *ta* patience, il te faudrait compter
    les grains de blé qu'il y a à ce *tas.*

Tac, *maladie des troupeaux*; tact, *sens du toucher.*

Tache , *souillure* ou *verbe* ; tâche , *travail.*

    Sa *tâche* fut d'enlever cette *tache.*

Tais , de *taire* ; taie , *enveloppe d'un oreiller*; tes , *adjectif pronominal*; thé , *arbrisseau* ; têt , *morceau d'un pot cassé.*

Taise, *du verbe taire*; thèse, *proposition.*

Il vaut mieux qu'il se *taise*,
Car il ne pourrait pas soutenir cette *thèse.*

Tan, *écorce de chêne*; tant, *adverbe*; temps, *saison*; tend, *de tendre.*

Tente, *verbe, espèce de toile pour se garantir du soleil, ou espèce de pavillon dont on se sert à la guerre;* tante, *parente, sœur du père ou de la mère.*

Plus de guerre qui me *tente*,
Je n'aime pas à vivre sous la *tente*,
Et je préfère en paix vivre auprès de ma *tante.*

Teint, *de teindre*, ou *coloris du visage*; tain, *étamage des glaces*; thym, *plante.*

Tien, *pronom*; tient, *de tenir.*

Un mien vaut mieux que deux *tiens.* Chacun *tient* le sien.

Tord, *de tordre*; tors, *tordu*; tort, *dommage.*

Tôt, *adverbe*; taux, *prix.*

Tout, *l'opposé de rien*; toux, *indisposition.*

La *toux* m'a désolé *tout* cet hiver.

Trace, *vestige*; Thrace, *contrée.*

Que de villes dans la *Thrace*,
Dont il ne reste plus de *trace* !

Traits, *lignes*; très, *particule du superlatif.*

Nous sommes *très* satisfaits
Qu'ils aient été reconnus à ces *traits.*

Tribu, *partie du peuple*; tribut, *impôt.*

Toi, *pronom*; toit, *couverture d'une maison.*

Troies, *ville de France*; Troie, *ville de Phrygie;* trois, *nombre.*

Trop, *adverbe*; troc, *échange*; trot, *pas d'un cheval.*

Ton, *de musique*, ou *adjectif pronominal*; thon, *poisson*; taon, *mouche*.

Tu, *pronom*; tue, *de tuer*; tus, *de taire*.

Tyran, *roi cruel*; tirant, *de tirer*, etc.

Vaine, *féminin de vain*; veine, *conduit où circule le sang.*

Une *vaine* terreur glaça tout mon sang dans mes *veines*.

Van, *instrument d'agriculture*; vend, *de vendre*; vent, *air agité.*

Un peu de *vent*, un coup de *van*, et puis on vend son blé.

Vante. *louer*: vente, *faire du vent*, ou *vendre.* *Vente* ton blé; mais ne *vante* pas ta femme.

Vaut, *de valoir*; veau, *petit d'une vache.*

Ver, *insecte*; vers, *poësie ou préposition*; vert, *couleur*; vair, *terme de blason.*

Veux, *de vouloir*; voeu, *promesse*; *souhait.*

Vile, *de vil*; ville, *assemblage de maisons.*

Vin, *boisson*; vingt, *nombre*; vint, *de venir.*

Voie, *chemin*; vois, *de voir*; voix, *son de la poitrine.*

Voler, *dans l'air*, ou *dérober*; volet, *pigeonnier.*

Votre, *adjectif pronominal*; vautre; *de vautrer.*

Voue, *de vouer*; vous; *pronom.*

> Le matelot à tous les saints se *voue*,
> Lorsqu'il se voit dans le danger;
> Mais, si le temps vient à changer,
> De tous ses voeux *vous* verrez qu'il se joue.

TRAITÉ

D'ORTHOGRAPHE RAISONNÉE.

LES caractères de l'Alphabet se divisent en deux classes : en *consonnes* et en *voyelles*.

Les *voyelles* sont les sons que forme notre voix, et qui sont modifiés par une ouverture de la bouche plus ou moins grande. On les represente à l'œil par les figures *a*, *e*, *i*, *o*, *u*.

Les *consonnes* sont des figures qui indiquent le mouvement que doivent faire les lèvres, la langue ou le gosier. Leur emploi est de modifier les sons de la voix que nous désignons par les *voyelles*.

On peut employer les *voyelles* toutes seules ; les *consonnes*, au contraire, n'étant qu'un mouvement de la bouche, ne peuvent frapper l'oreille qu'avec le secours d'une ou de plusieurs voyelles ; ainsi la consonne *b* ne frappera notre jugement qu'en y joignant une voyelle, et c'est cette combinaison que nous nommons orthographe.

DE L'EMPLOI DES VOYELLES.

Les *voyelles*, qui sont au nombre de cinq, forment neuf sons différents qui sont *a*, *e*, *é*, *è*, *i*, *o*, *u*, *ou*, *oi*.

L'*é* fermé est distingué par un accent aigu (´) ; l'*è* ouvert par un accent grave (`), et quelquefois par un accent circonflexe (^).

12

Les cinq *voyelles* forment encore neuf sons homonymes : *eu*, *œu*, *ei*, *ai* (ces deux derniers pour *é* fermé et pour *è* ouvert), *y*, *au*, *eau*.

C'est l'emploi des sons homonymes qui fait une des plus grandes difficultés de l'orthographe. Je vais donner quelques règles qui, jointes à un peu d'usage, pourront aider à mettre l'œil d'accord avec l'oreille.

a, N'offre point de variation dans sa prononciation ni dans son orthographe.

e, Qui ne fait entendre qu'un son, se présente à l'œil de trois manières différentes : *e*, *eu*, *œu*.

e, S'emploie toutes les fois que le son n'en peut pas être altéré par la consonne qui le suit. Il est indiqué par la prononciation, parce que la syllabe qui le précède est presque toujours longue.

eu, S'emploie : 1°. toutes les fois que *e* muet se trouverait forcé, par la consonne qui le suit, à prendre le son d'é fermé, ou d'è ouvert ; comme dans *peur*, *meurs*, *seul*, *meut*, *bonheur*, etc., qui feraient, *per*, *mers*, *sel*, *met*, *bonher*, si on supprimait *u*.

2°. *eu*, S'emploie à l'avant dernière syllabe d'un mot terminé par un *e* muet, afin de rendre cette syllabe longue : comme dans *neuve*, *heure*, *creuse*, *meure*, etc.

3°. Il s'emploie encore à la fin d'un mot, pour renforcer le son d'e muet qui le terminerait, et rendrait longue la syllabe qui le précède, syllabe qui devient brève par l'addition de *u* final ; ainsi, *neveu*, *aveu*, *heureux*, ect., se prononceraient *neve*, *ave*, *heure*, en faisant l'avant dernière syllabe longue, au lieu de brève qu'elle doit être ; ainsi que dans *Dieu*, *lieu*, *pieu*, etc., qui feraient *Die*, *lie* ; *pie*.

œu, Ne s'employant que dans les mots suivants et

leurs composés, on peut facilement les retenir par
cœur : *bœuf*, *cœur*, *chœur*, *mœurs*, *œuf*, *œuve*,
œuvre, *sœur*.

ei, S'emploie pour donner à *e* le son d'*è* ouvert,
qui serait changé en *a* par la consonne qui le suit ;
ainsi, *peindre*, *feindre*, *teindre*, *ceindre*, etc., feraient
pendre, *fendre*, ect., sans l'*i*.

ei, S'emploie également pour *è* ouvert dans *peine*,
peigne, *teigne*, *reine*, *seigneur*, etc.

ai, S'emploie tantôt pour *é* fermé, tantôt pour *è*
ouvert ; il est presque toujours indiqué en patois par
a ou *aï*.

FRANÇAIS.	PATOIS.	FRANÇAIS.	PATOIS.
notaire	noutari.	affaire	affaïré
j'aimerai	aïmaraï	j'ai	aï
paire	parel	mai	maï
taire	taïsa	baiser	baïsa
air	aïré	lait	laït ou lach
traître	traïté	traité	tralat, etc.

ai, N'est pas indiqué en patois dans *craindre* et
ses dérivés, *mais*, *maître*, *saisir*, *traîner*, *trait*, *laid*.

On remarquera cependant qu'il y a des patois où
plusieurs de ces exceptions n'existent pas : j'indique
la règle ; chacun pourra en faire l'application à son
idiôme.

Il faut écrire avec *ai* tous les mots terminés en *ait*
excepté *effet*, *buffet* ; tous les temps des verbes,
tels que j'aim*ais*, etc., j'aim*ai*, j'aimer*ai*, je chanter*ais*, etc.

o , Présente le même son sous trois formes différentes , o , au , eau.

On écrit avec o , cachot, ballot, falot, mot , pot ,
sot, trot ; troc, croc, rot, indigo, numéro, zéro ,
trop , sabot , tripot , etc.

au , Est indiqué en patois par aou.

FRANÇAIS.	PATOIS.	FRANÇAIS.	PATOIS.
jaune	jaouné	pauvre	paouré
défaut	défaou	chaud	caou
taux	taous	nigaud	nigaou
maraud	maraou	haut	naou

On écrit également avec au le pluriel de tous les
mots qui font al ou ail au singulier.

SINGULIER.	PLURIEL.	SINGULIER.	PLURIEL.
cheval	chevaux	animal	animaux
métal	métaux	bail	baux
général	généraux	caporal	caporaux
travail	travaux	émail	émaux

Exceptez de cette règle les mots suivants qui conservent la même terminaison au pluriel , avec un s
de plus.

bal , carnaval, serrail, éventail, camail , régal ,
attirail , bercail, épouvantail, mail, gouvernail,
poitrail.

eau , Ce son est indiqué en patois par el et par eou.

FRANÇAIS.	PATOIS.	FRANÇAIS.	PATOIS.
chameau	camel	chapeau	capel
peau	pel	étourneau	estournel
drapeau	drapeou	ciseaux	ciseous
couteau	coutel	trumeau	trumeou

am et *em*, sons égaux.

am, est indiqué en patois par *a*.

FRANÇAIS.	PATOIS.	FRANÇAIS.	PATOIS.
*am*bitieux	*am*bitious	*am*be	*am*bo
*am*poule	*am*poulo	j*am*be	c*am*bo
b*am*boche	b*am*bocho	r*am*pe	r*am*po

em est indiqué en patois par *é*

*em*barras	*ém*barras	*em*barquer	*ém*barqua
*em*porter	*ém*pourta	f*em*me	f*én*no
*em*paqueter	*ém*paquéta	*em*brouiller	*ém*brouilla

an et *en*, sons égaux.

Nous pouvons faire ici l'application de la règle précédente.

*an*ge	*an*geo	entendem*en*t	*én*t*én*dém*én*t
ch*an*ter	c*an*ta	m*an*ger	m*an*gea
*en*fant	*éf*an	*en*semble	*én*sémblé

On trouve quelques exceptions telles que p*an*ser (une blessure), qui fait entendre un *e* en patois; r*en*dre, r*em*plir, etc., qui font entendre un *a*.

Il faut remarquer qu'en général *am* et *an* s'emploient dans des mots simples, tandis que *em* et *en* s'emploient dans des mots composés; ainsi on écrit :

*am*bassadeur, *am*bition, *am*bigu, *am*be, *am*ple, *am*puter; *an*chois, *an*cien, *an*ge, *an*guille, etc, parce que ce sont des mots simples ; et on écrit :

*em*pailler, qui signifie garnir de paille; *em*pocher, mettre dans la poche; *em*brasser, prendre entre ses bras ; *en*dosser, mettre sur le dos ; *en*fourner, mettre dans un four ; *en*foncer, pousser vers le fonds ; parce que ce sont des mots composés.

Il est de règle générale que *m* s'emploie devant *b* et *p*, dans l'intérieur d'un mot; quoique la pronouciation semble indiquer *n*; ainsi écrivez:

ambigu, embauché, imbu, ombrage, humble, ample, empêché, important, trompé, etc.; exceptez bonbon, bonbonnière et embonpoint.

Tous les participes présents ont la terminaison en *ant*:

Aim*ant*, lis*ant*, chant*ant*, cour*ant*, etc.

Tous les adverbes qui font entendre le son *a* à leur dernière syllabe, se terminent en *ent*. Ce son est indiqué en patois par *é*: doucem*ent*, souv*ent*, tranquillem*ent*, etc.

ain, *ein*, *en*, *in*, sons égaux.

ain est indiqué en patois par *a*.

FRANÇAIS.	PATOIS.	FRANÇAIS.	PATOIS.
p*ain*	p*a*	m*ain*	ma
f*aim*	f*an*	b*ain*	ban
dem*ain*	dém*a*	ét*ain*	estan

Les mots qui ne sont pas indiqués par le patois sont: romain, vilain, regain, poulain, certain, terrain, craindre, vaincre, et dérivés.

ein, est indiqué en patois par *é* ou par *i*. Voyez ce que j'ai dit au son *ei*. Au reste les mots composés de ce son sont en petit nombre, ils se réduisent aux suivants:

Ceindre, feindre, peindre, restreindre, teindre, et leurs composés; fr*ein*, pl*ein*, r*eins*, s*ein*, s*eing*, ser*ein*, dess*ein*, le M*ein*, R*eims*.

en, S'emploie à la fin des mots qui sont terminés par *n* sans *t*, comme:

Chrétien , moyen , bien , mien , tien , sien , lien, etc. On conserve le même son dans les féminins de ces mots ; ainsi on écrit : chrétienne, moyenne, etc.

Les diverses excéptions sont :

tient , vient , et leurs dérivés et composés qui ont le son d'è ouvert, quoique terminés par un t ; ennemi , prennent, et leurs composés; Rennes , Caïenne , Maïenne , où l'on entend le son d'è ouvert, malgré le n qui suit l'e.

Tous les pluriels des verbes terminés en ent , comme aiment, lisent, parlent, qui font entendre e muet, quoiqu'ils soient terminés par nt.

in est indiqué en patois par i.

FRANÇAIS.	PATOIS.	FRANÇAIS.	PATOIS.
moulin	mouli	chemin	cami
médecin	méfléci	fin	fi
prince	princé	matin	mati
malin	malin	lin	li

RÉSUMÉ.

Il résulte de ce que je viens de dire, que les cinq voyelles a, e, i, o, u, forment quatre sons simples et cinq sons douteux.

Les sons simples sont a, u, ou, oi, parce qu'ils ne peuvent s'écrire que d'une seule manière.

e, é, è. i, o, sont des sons douteux, parce qu'on peut les écrire de plusieurs manières. Il faut donc; toutes les fois que l'on rencontrera un son douteux, consulter les règles que je viens de tracer. Ainsi, si l'on a à écrire bonheur , la dernière syllabe offrant un son douteux , et sachant que r donnerait à e le son d'é fermé, il faut employer eu, pour empêcher la rencontre d'*e* avec *r*, et lui conserver le son muet, etc.

Dans *faire* on entend un son douteux à la première syllabe ; le patois indique *ai* dans *faïré*, etc.

Agneau offre un son douteux à la dernière syllabe ; on trouve en patois agn*el*, qui faisant entendre *é*, indique le son *eau*, etc., dans lequel *e* est conservé.

e prend aussi le son de *a*, et *i* celui de *é*, lorsqu'ils sont suivis de *m* ou *n*, sauf les exceptions déjà indiquées. Il faut pour les reconnaître avoir recours aux règles que je viens de donner.

Remarque importante.

Les finales des verbes étant confondues par les élèves, parce qu'elles ont le même son, il faut avoir recours au patois.

FRANÇAIS.	PATOIS.	FRANÇAIS.	PATOIS.
chan*ter*	can*ta*	il a chan*té*	a can*tat*
je chanter*ai*	cantar*aï*	je chanter*ais*	cantar*io*
vous chant*ez*	cant*as*	vous chanteriez	cantar*ias*
vous chant*erez*	cant*arés*		

L'accord des participes passés offre beaucoup de difficultés, et cette connaissance ne pouvant être acquise que par une étude assez longue de la grammaire, j'ai cru devoir y suppléer en partie par la même comparaison du patois, dans lequel les finales sont plus marquées qu'en français, tant pour le genre que pour le nombre.

Accord de Genre.

La chanson que vous avez chantée est connue.

Participes.	chan*tée*	con*nue*
Patois.	cant*ado*	counesc*udo*

Accord de Nombre.

Pierre et Jean sont venus.
Lise et Louise sont venues.

Participes.	ven*us*	ven*ues*
Patois.	beng*uch*	beng*udos*

i et *y*

y ne diffère de *i* que lorsqu'il est placé entre deux voyelles, parce qu'il produit alors l'effet de deux *ii :* comme dans royaume, moyen, etc. ; il est donc facile à reconnaître. Mais il faut avoir recours à sa mémoire, lorsqu'il est employé comme *i* dans les mots suivants :

Abyme, analyse, apocryphe, clystère, cycle, encyclopédie, cygne, cyprès, cylindre, dryade, dynastie, dyssenterie, dysurie, élysée, emphytéotique, érysipèle, étymologie, gymnase, chyle, style, péristyle, idyle, sybille, anonyme, homonyme, sinonyme, lymphe, nymphe, larynx, lynx. sphynx, olympe, type, typographie, stéréotype, hyacinte, hydre, et tous les mots en hydro; hygiène, hymen, hyménée, hyperbole, hymne, hypocondre, hypocrite, hypothèse, hypothèque, ichtyologie, et tous les mots en myo, et en myria ; lycée, martyr et dérivés ; porphyre, satyre, zéphyre, myrrhe, myrte, mystère, panégyrique, paralysie, et dérivés; physionomie, physique, et tous les mots en poly; excepté polir, polichinelle, polisson, politique, et dérivés; presbytère, prytanée, pygmée, pyramide, rythme, jury, sycomore, sycophante, syllabe, symbole, symétrie, sympathie, symphonie, symptôme, synagogue,

13

syncope, syndic, synode, syntaxe, système, tympan, tyran, yeux, et dérivés; syrie, syracuse, grey, styx, lys, dyle, yonne, zuyderzée, pycnostyle, pycnostique, pylore, pyracanthe, pyrénées, pyrètre, pyrite, tous les mots en pyro, excepté pirogue; pyrrhique, pyrrhonnien, pytagore, pythie, phytonisse, puy de dôme.

DES CONSONNES.

Les consonnes sont, comme je l'ai déjà dit, des caractères qui indiquent le mouvement de la bouche.

La difficulté que l'on éprouve dans l'emploi de ces caractères, vient de ce que le même mouvement de la bouche indique plusieurs consonnes, ou que la même consonne indique plusieurs mouvements.

C

Cette consonne doit être considérée sous deux points de vue différents. Elle est parfaitement égale à *s* lorsqu'elle est suivie de *e, i*, ou lorsqu'elle est avec la cédille qui l'adoucit devant *a, o, u*; et elle ressemble à *qu*, lorsque sans cédille elle est suivie de *a, o, u*.

Il est de règle générale qu'on emploie *c* devant les temps du verbe être, lorsque *ce* est le sujet; ainsi on écrit, *c'est lui, ce* sont eux, *c'était* mon frère, *ce* furent mes amis. On le reconnaît au patois, parce qu'on emploie le verbe sans sujet, ainsi on dit: *és el, és ellos, èro moun frèro*.

Remarquez que lorsqu'on écrit *il s'est trompé, ils se sont tués, se* n'est pas là devant le verbe être, mais devant le verbe tromper, tuer ; il n'est pas non plus le sujet du verbe, puisque on peut dire il est trompé par soi, ils sont tués par soi ; *se* est indiqué en patois par *se* devant le verbe : *s'és troumpat; s'és tuat*, etc.

On écrit *ce* et *ces* devant les noms, lorsque la question *quel* ou *quels* amène *celui-ci, ceux-ci, celui-là, ceux-là.*

Ce livre m'appartient; quel livre? *Celui-ci, celui-là.*

Ces hommes sont encore venus; quels hommes? *ceux-ci, ceux-là.*

Tandis que *ses* devant un nom amène à la question *quels ?* *les siens*; ou *son*, en tournant la phrase au singulier. Mon ami est arrivé avec *ses* enfants : question, *quels enfants ? Les siens* ; ou en tournant au singulier ; mon ami est arrivé avec *son* enfant.

Ç avec la cédille s'emploie dans les mots qui dérivent d'autres mots ou *c* est employé devant *e* qui, se changeant en *a, o, u*, changerait aussi l'articulation de *c*. Écrivez donc avec *ç* les mots suivants:

Commençant à cause de commencer ; avançons à cause d'avancer; reçut à cause de recevoir, etc.

Ça, arçon, leçon, garçon, soupçon, maçon s'écrivent aussi avec *ç*.

Écrivez encore avec *c* cueillir et ses composés, cercueil, écureil, recueil; quoique l'articulation semble indiquer *qu* à cause de l'*e* muet.

Employez aussi *c* dans vermicelle, violoncelle, quoique l'articulation indique *ch*, et dans claude, second, seconder, quoique l'articulation indique *g*.

s , c et *ç.*

Ces trois consonnes ne se ressemblent que lorsque

s est employé au commencement d'un mot ou après une consonne ; car *s* diffère du *c* et s'articule comme *z* lorsqu'il est entre deux voyelles.

On écrit *se* devant les verbes : il *se* tua , il *se* fâcha , il *se* lassa, il *se* brouillera, il *s'*est trompé.

On écrit *ses* devant les noms , toutes les fois, comme je l'ai déjà dit, que la question, quels? peut amener *les siens*, ou *son* au singulier.

Quant à *s* entre deux voyelles, j'en parlerai à l'article du *z*.

d

Cette consonne s'emploie à la fin des mots : davi*d*, ci*d* , su*d* , sun*d* , talmu*d* , quoique l'articulation indique *t*.

On la conserve aussi à la finale de certains temps des verbes en *dre*; il enten*d*, d'entendre ; il répon*d* , de répondre *;* elle cou*d*, de coudre ; etc.

Terminez aussi par *d*, quoique l'articulation ne l'indique pas , babillar*d*, boulevar*d*, brancar*d*, lézar*d*, égar*d*, nar*d*, étendar*d*, épinar*d* , brouillar*d* , renar*d* , vieillar*d*, tisseran*d*, gon*d*, plafon*d*, lor*d*, nor*d*, mui*d*, .ni*d*, nœu*d*, pie*d*, rechau*d*, chau*d*, lai*d*, crapau*d*, nigau*d*.

Les autres mots terminés par *d* sont indiqués par les mots dont ils dérivent; comme pon*d* de pondre; ton*d* de tondre *;* profon*d* de profondeur.

f et *ph*

Ces deux consonnes ayant la même articulation , et *ph* s'employant moins fréquemment que *f* , j'ai cru devoir suppléer aux règles qui manquent, par une nomenclature des mots où *ph* est employé.

Alphabet, amphibie, phalène, phaleuqne, phare, phases. Tous les mots en *graphe*, excepté agrafe et ses dérivés. Tous les mots en *phie*, excepté bouffie. Tous les mots en *ophe*, excepté étoffe. Emphase, phrase, éphémère, camphre, éléphant, trophée, apocryphe, hyéroglyphe, triomphe, et dérivés; méphitisme, métamorphose, métaphore, orphelin, pamphlet, phalange, pharmacie, phénomène, amphithéâtre, amphibologie, physique, sopha, sphère, et dérivés.

Ajoutez-y quelques noms propres. Adolphe. Amphitrite, Aphrodise, Euphrate, Iphigénie, Joseph, Morphée, Orphée, Coryphée, Amphytrion, Pasiphaé, Phébus, Phénix, Philoctète, Philippe, Philomèle, Philomène, Amphion, Pharamon, Pharaon, Pharisien, Philémon, Philosophie, Phlégéton, Pharsale, Sapho, Phaëton, phalange, phosphore, bosphore.

g et *j*

Lorsque *g* est suivi de *e*, *i*, sa ressemblance est si parfaite avec *j*, qu'il faut beaucoup d'usage pour les distinguer.

Il est de règle générale que tous les mots terminés en *ger*, s'écrivent avec un *g*; et par suite tous les dérivés de ces mots conservent *ge*, toutes les fois que leur formation exige un *a*, *o*, *u*, qui changeraient l'articulation du *g*; ainsi on écrit :

Juger, et de là   jugeant, jugeons, jugeais.
Venger,   vengeant, vengeons, vengeais.
Orge,   orgeat.
Village,   villageois.

On écrit aussi bourgeois, bourgeon, pigeon, geole

et leurs dérivés. Employez *g* dans les mots : doigt, poing, rang, sang-sue, étan*g*, hareng, legs, signet, coing, Regnard ; quoique l'articulation ne l'indique pas.

Il est de règle générale que *g* s'articule du gosier, lorsqu'il est suivi de *a*, *o*, *u*. Cependant on conserve *u* après *g*, dans tous les dérivés ou composés des mots qui ont *g* articulé du gosier devant *é* fermé, quoiqu'on écrive *a*, *o*, *ai*, après *g* ; ainsi à cause de conju*guer*, subju*guer*, relé*guer*, etc , on écrit, en conservant *u* après le *g*, quoique inutile, conju*gua*, subju*guons*, relé*guais*, etc.

h

Cette consonne n'est indiquée par la prononciation que lorsqu'elle est aspirée, comme dans la *hache*, le *héros*, etc. ; mais lorsqu'elle est muette on ne peut la reconnaître.

On emploie très-souvent cette consonne entre deux voyelles, comme dans *aheurter*, *ahi*, *ahurir*, *bahutier*, etc. ; on la reconnaît à l'aspiration qu'elle exige.

Écrivez avec *h* tous les mots suivants : *homogène* et tous les mots en *homo*, excepté *omoplate* :

habile et tous les mots en *habi*, excepté *abyme* :

harpe, *harmonie* et leurs dérivés :

hébreu, *hebdomadaire*, *héberger*, *hébété* et leurs dérivés :

hécatombe, *hécatomphonie*, *hector*, et tous les mots en *hecto* et en *héma*, excepté *émail*, *émaner*, *émanciper* :

Tous les mots en *hémi*, excepté *émier*, *émigré*, *émincer*, *éminent*, *émir*, *émission* et leurs dérivés.

En *her*, excepté *ergo*, *ermite*, *errer*, et dérivés.

En *hété*, excepté *été*, *étésiens*, *ététer*.

En *heu* excepté *europe*, *eucharistie*, *euménides*, *eunuque*, *euphonie*, *Euterpe*, *Euphrosine*.

En *hie*, excepté *ieuse*; en *hié* et en *hip*, excepté *ipécacuanha* et *ipreau*.

hirondelle et tous les mots en *his*, excepté *islamisme*, *israélite*, *issu*, *isthme*.

hiver et dérivés; *hobereau*, *hoirs* et dérivés; *héritiers*, *hollande* et dérivés; *holocauste* et tous les mots en *holo*, excepté *olographe*, *olonne*.

hombre, *homme*, *hôpital*, *honneur*, *hostie*, *hostile*, *hôte*, et dérivés.

Tous les mots en *hui*; *humain*, *humble*, *humecter*, *hume*, *humidité*, *humilié*, *humeur*, et leurs dérivés; tous les mots en *hy*.

J

J'ai déjà dit que cette consonne a la même articulation du *g*, lorsque celui-ci est suivi de *e* ou *i*; mais il est de règle générale que *j* s'emploie toujours devant *a*, *o*, *u*, au commencement des mots, excepté dans *geai*, *geolage*, *geole*, *geolier*, *geolière*.

j s'emploie aussi dans l'intérieur des mots devant *a*, *o*, *u*, toutes les fois qu'on n'est pas obligé de conserver *g* par dérivation, comme je l'ai dit à l'article de cette dernière consonne.

j ne s'emploie jamais devant *i*, et on ne s'en sert devant *e*, au commencement des mots, que dans *je*, *jet*, *jeudi*, *jeûne*, *jeune*, *Jérusalem*, *Jean*, *Jésus*, *Jersey*, *Jérôme*, *jectigation*, *jeton*, *jégneux*, jectisses , Jéhovah , Jérémie , et leurs dérivés et composés.

Il ne s'emploie encore dans l'intérieur des mots que dans abject , adjectif , majesté , majeur , objet , rejet , sujet , surjet , trajet , projet , injecter , assujettir , rejeton , enjeu , rajeunir , et leurs dérivés et composés.

k

Cette consonne est d'un usage peu fréquent. On ne s'en sert que dans des mots empruntés des langues étrangères , tels que kali , kermès , ukase , kapigi , kilo , fakir , etc. Il faut donc s'en remettre à l'usage.

l

Employez cette consonne à la fin des mots suivants , quoique l'articulation ne l'indique pas : barril , coutil , fusil , gril , chenil , fenil , nombril , persil , sourcil , cul , fils , pouls , vesoul.

m

Cette consonne s'emploie dans les mots suivants , quoique l'articulation ne l'indique pas : damner , condamner , et dérivés.

Je répèterai que m doit toujours précéder b et p dans le même mot , quoique l'articulation semble indiquer n ; exceptez seulement , comme je l'ai déjà dit , bonbon , et la seconde syllabe d'embonpoint.

p

Cette consonne n'est pas indiquée et s'emploie dans les mots loup , camp , beaucoup , trop , baptême , compter,

compter , dompter, exempter, prompt, symptôme , sept, sculpteur, etc, et leurs dérivés et composés.

q

Il est de règle générale que cette consonne ne s'emploie jamais sans *u*. Ces deux lettres sont inséparables; exceptez seulement à la fin d'un mot comme coq , cinq.

Qu ne ressemble à *c* que lorsque l'articulation se fait du gosier devant *a, o, u*; car toutes les fois que *e , é, è, i*, se font entendre avec une articulation du gosier, il n'y a pas de doute que ces voyelles ne soient précédées de *qu* ; exceptez seulement cueillir et ses composés; cercueil, recueil , écueil ,quoiqu'on entende le son d'*e* muet; exceptez encore le son douteux *ai*, qui fait articuler *c* du gosier, comme dans *caiss*e, *précair*e , etc. Au reste, *qu* ne s'emploie devant *ai* que dans les mots *quai, quaiche, quayage*.

L'emploi de *c* devant *a, o , u*, étant plus fréquent que celui de *qu*, je vais indiquer les cas où l'on se sert de *qu*.

On se sert de *qu* dans les mots commençant par *quadra, quadri, quadru*, exceptez cadran, cadre et dérivés.

Dans qualité, qualifier, et dérivés ; quand, quant, quantième, quarante, quart et leur dérivés ; quoi, quoique, quolibet, quote, quotient, quotité.

Je ferai observer que lorsque la prononciation fait entendre *quoua*, elle suffit pour indiquer *qu*.

J'ai dit que *q* et *u* étaient inséparables, j'ajouterai que leur union est si intime, que ces deux lettres n'indiquent ensemble que l'articulation du gosier sans

aucun son , et que dans aucun cas on n'entend *u*,
quoique à la rigueur on pût excepter *piqûre*. Il suit
de là que toutes les fois qu'on entend le son *u* après
un coup de gosier , il n'y a pas de doute que l'on ne
doive employer *c* comme dans *cuire* , *cuir* , *cuisine*,
biscuit , *écuelle* , etc.

x

Cette consonne est indiquée dans *sexe* , *mixte* ,
Alexandre, par la double articulation *qs* ; exhé-
réder , examiner , par *gs* ; excellent , excepter ,
par l'articulation de *k*.

Dans ces trois cas l'articulation du gosier l'indique.

Mais on ne peut la reconnaître dans les mots
suivants , où elle s'articule comme *ss* : soixante ,
Bruxelles , Auxonne , Auxerre.

On ne peut également la reconnaître dans sixain,
sixième , dixième , où elle s'articule comme *z*.

Pour la reconnaître à la fin des mots suivants , il
faut les faire suivre par un mot commençant par
une voyelle , et alors elle s'articule comme *z*.

Dix , six , croix , choix , Foix (ville) , poix
(résine) , noix , voix , paix , faix (fardeau) ,
choux , roux , doux , toux , heureux , et tous les
mots en *eu* ; cieux , et tous les mots en *ieux* ;
chevaux ; travaux , chapeaux , et tous les pluriels
des mots en *al*, *ail*, *au* et *eau*.

s et z

Avant de comparer ces deux consonnes, je dirai
que quoique l'articulation indique deux *ss* dans les
mots suivants , il ne faut en écrire qu'un seul :

Contresens, contreseing, désuétude, s'entresuivre, entresol, gisant, havresac, monosyllabe, dysurie, parasol, parasélène, présupposer, vraisemblable.

Il faut encore écrire avec un *s* les mots suivants, quoique l'articulation indique *z* : Alsace, balsamique, transition, et tous les mots commençant par *trans*.

s et *z* ne se ressemblent que lorsque *s* est entre deux voyelles; et comme l'emploi de *z* est très-rare, je vais donner les mots où l'on doit s'en servir.

Amazone, azerolle, azur, azyme, bézoart, bonze, bronze, buze, colza, donzelle, épizootie, gaze, gazette, gazon, gazouiller, haze, horizon, lazaret, dizain, onze, douze, treize, quatorze, quinze, seize, bizarre, Lozère, Corrèze, Beziers, Mézières, Monzon, zig-zag, zizanie, ziziphe.

z s'emploie à cinq temps des verbes terminés en *ez* : vous parlez, parliez, parlerez, parleriez, parlassiez.

On écrit avec *z* final riz, gaz, nez, biez, rez, assez, chez, recez, quoique l'articulation ne l'indique pas.

SC

L'union de ces deux consonnes exigeant la même articulation que *s* au commencement d'un mot, *ss* entre deux voyelles, ou *c* devant *e*, *i*, et ne pouvant en fixer l'emploi par une règle, je vais donner la liste des mots où l'on s'en sert.

Ascendant, ascension, descendre, acquiescer, discerner, s'immiscer, obscène, oscillation, sceller, sceau, scélérat, scène, scepticisme, sceptre, susceptible, vesce, viscère, disciple, escient, faisceau, fasciner, piscine, irascible, rescinder, scie, science, scion, scission, susciter, transcendant, concupiscence, réminiscence, résipiscence, adolescence, convalescence, délitescence, effervescence, conscience, efflorescence, excrescence, et tous leurs dérivés et composés.

ti articulé comme *ci.*

La consonne *t* s'emploie pour *c* dans tous les mots terminés en *ial, ie, iel, ient, ieux, ion*; tels que abba*tial*, impar*tial*, mar*tial*, nup*tial*, inep*tie*, iner*tie*, minu*tie*, essen*tiel*, pa*tient*, quo*tient*, cap*tieux*, ambi*tion*, condi*tion*, discré*tion*, no*tion*, et leurs dérivés.

Exceptez de cette règle les mots suivants qui s'écrivent avec *c.*

Scion, suspicion, audacieux, spécieux, soucieux, capricieux, consciencieux, silencieux, astucieux, négociant, précieux, pernicieux, artificiel; parce qu'ils dérivent de mots qui ont *c* à la même syllabe, comme *scier*, suspect, audace, souci, caprice, etc.

Exceptez encore, et écrivez avec *ss* concession, commission, confession, cession, mission, possession, session, soumission, succession, passion, expression, suppression.

Ecrivez avec *c* les verbes en *ier*, apprécier, associer, etc., exceptez balbutier, initier.

Cette consonne s'emploie et n'est pas indiquée par l'articulation à la fin des mots, *cuit, fruit, plat, chat, fait, prêt, rat, mât, éclat, puits, délit, faut*, etc.

Règle Générale.

Pour reconnaître la terminaison d'un mot, il faut, en le prononçant, le faire suivre par un mot qui commence par une voyelle ; alors l'articulation indiquera la consonne finale que l'on cherche ; ou bien le tourner au féminin, s'il est possible, et on reconnaîtra la consonne finale du masculin ; exceptez tous les mots terminés par *d* qui ne s'articule jamais.

Exemples :

Je le sen*s* il a raison ; je le sai*s* il me l'a dit; il fi*t* une faute ; j'ai beaucou*p* à faire.

Laid, *le féminin*   lai*de*, indique *d* au masculin.
Boucher,   bouchè*re* indique *r* au masculin.
Droit,   droi*te* indique *t* au masculin.
Fort,   for*te* indique *t* au masculin.

Remarque importante.

Amérique, bibliothèque, république, changent *qu* en *c* toutes les fois que *e* final se change en *a* ou en *ai* dans leurs dérivés : ainsi, d'Amérique on écrit Améri*cain* ; de bibliothè*que*, bibliothé*caire* ; de répu-bli*que*, républi*cain*. Les verbes *appliquer*, *pratiquer*, *fabriquer*, *révoquer*, subissent le changement de *qu* en *c* dans leurs dérivés; appli*cation*, appli*cable* ; prati*cable* ; fabri*cation*, fabri*cant* ; révo*cation*, révo*cable*; exceptez trafi*quer*, qui s'écrit trafi*quant*; quoiqu'il dérive de trafic.

DU REDOUBLEMENT DES CONSONNES.

b, *d*, *g*, ne se redoublent que dans les mots suivants : ab*bé*, ad*dition*, ad*duction*, red*dition*, ag*glomérer*, ag*glutiner*, ag*graver*, su*ggérer*.

c redoublé se fait connaître à l'articulation , comme dans accident , accès , succès.

L'articulation n'indique pas le double *c* dans accabler , accomplir , accord , accuser , etc.

c se redouble dans tous les mots commençant par *ac* et par *oc* ; exceptez-en *acabit, acariâtre, académie, et acoquiner.*

Quand on sent un double *c* après un *e* qui commence un mot , on doit employer *x* au lieu du premier *c*, comme : *excès, excellent, exciter*, etc.

f

Cette consonne se redouble entre deux voyelles, comme dans *affabilité, effet, diffamer, biffer*, etc.

Exceptez , cafard, café, défaire, défaut, défendre, déférer , défi, défoncer, défunt , défiler, définir , bafouer , tartufe, et dérivés.

f se redouble , quoiqu'il soit suivi de *l* ou *r* ; comme dans a*ff*liger, a*ff*leurir, a*ff*luer, a*ff*ranchir, a*ff*réter, affronter, beffroi , effrayer, etc.

Exceptez réflexion ,. réfléchir , mufle , moufle , Afrique, rafraîchir, safran , soufre, et dérivés.

l

On redouble cette consonne dans tous les mots entre deux voyelles, tels que a*ll*er, a*ll*ier, a*ll*iance, a*ll*umer, *elle*, morte*lle*, crue*lle*, annue*lle*, etc.

Observation importante.

l se redouble dans les verbes suivants, toutes les fois qu'il est suivi d'un *e* muet dans quelque temps de ces verbes, par la règle générale que *e* muet doit être précédé d'une voyelle sonore , telles que *a, é, è, i, o, u, ou, oi.* Ainsi, appeler prend un double *l* dans j'appe*ll*e, etc.; j'appe*ll*erai, j'appe*ll*erais, etc.

Écrivez de même les temps des verbes *chanceler, ensorceler, épeler, étinceler, harceler, morceler, ruisseler.*

l, quoique entre deux voyelles, ne se redouble pas dans alambic, alarme, grêle, modèle, zèle, etc.

La prononciation indique deux *l* dans i*ll*ustre, i*ll*égal, a*ll*égorique, etc.

m

Cette consonne se redouble dans tous les mots commençant par *com*, tels que co*mm*ander, co*mm*encer, et leurs dérivés, etc.

Exceptez comédie, comète; comices, Cominge, comité, comestible, Comus, comique.

m se redouble aussi dans A*mm*on, a*mm*oniac, fe*mm*e, ho*mm*e, go*mm*e, so*mm*eil, so*mm*et, et leurs dérivés.

Dans tous les adverbes terminés en *ment*, tels que vailla*mm*ent, différe*mm*ent, etc.

Exceptez les adverbes dérivés des mots terminés par *e* muet; comme *heureusement* à cause d'*heureuse.*

m, redoublé après *i,* est indiqué par la prononciation, comme dans i*mm*ense, etc.

n

Redoublez cette consonne dans les mots commençant par *con*; comme co*nn*aître, co*nn*exité, co*nn*ivence et leurs dérivés.

Dans ho*nn*eur, et non pas dans *honorable, honorer, honorifique.*

Dans tous les mots dérivés d'un mot terminé par

on ; comme bon*ne*, à cause de *bon* ; citron*n*ier, à cause de *citron*, etc.

Exceptez do*n*ateur, do*n*ataire, do*n*ation, quoique dérivés de *don*.

On redouble encore *n* dans tous les féminins des mots terminés par *en* ; ainsi *chrétien*, écrivez *chré-tienne* ; *mien*, mie*nn*e, ect.

n, redoublé après *i*, est indiqué par la prononciation ; comme dans in*n*avigable, i*nn*é, etc. : exceptez i*n*nocent qui ne fait entendre qu'un seul *n*.

Le double *n* n'est pas indiqué par la prononciation dans en*n*emi, pren*n*ent, tien*n*ent, vien*n*ent, et leurs dérivés et composés ; dans Ren*n*es, Caïe*n*ne, Maïe*n*ne, Étien*n*e, soutien*n*ent.

p

Cette consonne se redouble dans tous les mots commençant par *ap* ; excepté dans *apagogie, apaiser, apanager, apanthropie, apathie, apercevoir, apéritif, apétisser, api, apiquer, aplanir, aplatir, apocalypse, apocope, apocryphe, apodictique, apogée, apographe, aparté, apologue, apoplexie, apostat, aposter, apostille, apôtre, apostrophe, apothéose, apothicaire, apozème*, et leurs dérivés ; *apurer, apyre, apyrexie*.

On redouble encore *p* dans tous les mots commençant par *sup*, excepté tous les mots en *super, supin, supination, suprématie, suprême*.

Redoublez aussi *p* dans op*p*ortun, op*p*oser, op*p*resser, op*p*rimer, et dérivés ; op*p*robre, map*p*emonde, nap*p*e.

r

On connaît à l'articulation le redoublement de cette

ette consonnes , parce que l'on articule fortement, comme dans *erreur* , *horreur* , *terre*, etc.:, tandis qu'on articule légèrement lorsqu'il n'y a qu'un *r*; comme dans *père*, *taire*, *faire*.

S

Cette consonne se redouble entre deux voyelles, pour éviter l'articulation de *z*. Alors son emploi se confondant avec celui de *c* , et ne pouvant indiquer de règle pour les distinguer , il faut s'en remettre à l'usage.

On redouble *t* dans tous les mots commençant par : *atta*, excepté *atabule* , *ataraxie* , *ataxie* ; *atté*, excepté *athée* , *athénée* , *atermoyer* ; *atti*, excepté *atinter*; *attra*, excepté *atrabile* , *atramentaire* , *âtre* ; *attré* , *attri*, sans exception ; *attro*, excepté *atroce* et dérivés ; *attrou* , sans exception.

Redoublez encore *t* dans tous les mots terminés en *ette*, excepté *anachorète*, *athlète*, *comète* , *diète* , *interprète*, *planète* ; *poëte* , *prophète* , *complète* , *discrète* , *inquiète*, *secrète* , *prête* , *honnête* , *bête*.

Dans tous les mots terminés en *otte*, excepté *côte*, *antidote*, *galiote*, *hôte* , *bigote*, *cagote*, *dévote*, *idiôte*, *radote* , et dérivés.

t se redouble dans le verbe *jeter* et ses composés, lorsque cette consonne est suivie d'*e* muet ; on écrit donc, je *jette*, etc; que je *jette* , etc. ; je *jetterai*, etc. ; je *jetterais*, etc.

Et dans les mots terminés en *ate*, *ite* et *ute*, que dans *baratte* , *chatte*, *datte* (fruit), *jatte*, *latte* , *natte* , *patte* (d'animal); *matte*, *flatte* , *gratte* , *combatte*; *quitte*, *acquitte*, *littéral*, et dérivés ; *butte*, *hutte*, *lutte*.

15

MAJUSCULES.

Les Majuscules s'emploient au commencement des périodes après les points ; au commencement des noms propres , et de chaque vers.

SIGNES EMPLOYÉS DANS L'ORTHOGRAPHE.

L'accent aigu (´) , l'accent grave (`) , l'accent circonflexe (ˆ) , l'apostrophe (') , la cédille (‚) , le trait d'union (-) , le tréma (¨) , la parenthèse ( ).

L'accent aigu (´) sert à faire connaître l'*é* fermé , comme dans *témérité* , *bonté* , etc.

L'accent (`) sert à marquer l'*è* ouvert , comme dans *succès* , *procès* , *excès*. Il se place aussi sur *à* préposition , pour le distinguer de *a* du verbe avoir ; sur *où* adverbe , pour le distinguer de *ou* conjonction ; snr *là* adverbe , pour le distinguer de *la* article ; sur *dès* préposition , pour le distinguer de *des* article.

Exemple : Je *la* conduirai *là où* vous m'indiquerez , *ou* bien chez quelque ami de son *père* , *dès* l'instant que j'aurai reçu des instructions *à* ce sujet ; car elle a le plus grand intérêt *à* s'y conformer.

L'accent circonflexe (ˆ) se place sur les voyelles pour en rendre la prononciation longue ; elle fait prononcer ouvert l'*é* qui le porte : *âge* , *blâme* , *être* , *fête* , *épître* , *gîte* , *apôtre* , *hôte* , *bûche* , *chûte*.

Il sert aussi à distinguer certains mots , tels que *sûr* , certain , de *sur* , préposition ; *dû* , verbe , de *du* , article. Voyez aux homonymes.

L'apostrophe (') indique la suppression de la dernière voyelle d'un mot , à cause de la voyelle qui commence le mot suivant : *je* , *j'*aime ; *te* , je *t'*aide ;

se, il s'éloigne; *me*, je m'étends ; *le*, tu l'écoutes ; *ce*, c'est lui ; *ne*, ce n'est pas ; *de*, d'un seul coup ; *que*, qu'a-t-il dit ; *si*, s'il est vrai; *lorsque*, lorsqu'il vient ; *puisque*, puisqu'il veut ; *quoique*, quoiqu'il demande ; *quelque*, quelqu'un ; *jusque*, jusqu'à ce jour.

La cédille se place sous ç pour l'adoucir devant *a*, *o*, *u* : leçon, maçon.

Le tréma (¨) se place sur une voyelle pour la séparer de la voyelle qui suit dans le même mot, et avec laquelle elle serait confondue et ne formerait qu'un seul son, au lieu de deux sons qui doivent être entendus distinctement : comme *Moïse*, qui ferait *Moise* ; *naïf*, qui ferait *naif* ; *Saül*, qui ferait *Saul* ; *ciguë*, qui ferait *cigue* ; *ambiguïté*, qui ferait *ambiguité*, etc.

Le trait d'union se place après un verbe, lorsque l'interrogation oblige de placer le sujet après le verbe : comme, *viendrai-je*, *qu'entend-il*, *que veux-tu*?

Lorsque le verbe est terminé par une voyelle, et qu'il a *il* ou *elle* pour sujet, on met un *t* entre le verbe et le sujet pour éviter la rencontre des deux voyelles : comme, viendra-*t*-il? a-*t*-elle dormi? etc.

On place aussi un trait d'union entre les mots suivants : celui-ci, celui-là, ci-joint, par-là, et autres mots composés, tels que arc-en-ciel, basse-taille, etc.

La parenthèse ( ) sert à séparer, dans une phrase, quelques mots qui n'en font point partie; mais qui peuvent servir à l'éclaircir ou à l'interpréter.

Il m'assura (et je fis semblant de le croire) qu'il me disait la vérité.

PONCTUATION.

La connaissance de la Ponctuation ne pouvant être acquise que par une étude très-approfondie dé la Grammaire, ce que j'en pourrais dire ici serait trop superficiel et par conséquent sans fruit pour les élèves.

Je traiterai donc cette question, comme elle le mérite, dans la Grammaire Française que je me propose de présenter au public ; si le premier essai que j'ose lui offrir aujourd'hui me prouve, par l'accueil qu'il recevra, que je puis lui être de quelque utilité.

Cette Grammaire, aussi simple que bien raisonnée, remplie de vues neuves, sera à la portée des personnes les moins éclairées dans le mécanisme de la langue, et fera suite au présent Abécédaire.

Une souscription est ouverte, jusqu'au 1er. octobre prochain, chez tous les Directeurs des postes aux lettres, et à Beziers chez l'Auteur, tant pour cette Grammaire que pour un traité d'Arithmétique, ramenée aux expressions les plus simples et les plus claires.

N. B. L'Auteur a cru devoir placer les exemples, servant d'application aux homonymes et au traité d'orthographe, à la suite de chaque article, pour en faciliter l'application.

FIN.

www.ingramcontent.com/pod-product-compliance
Lightning Source LLC
Chambersburg PA
CBHW052042270326
41931CB00012B/2597